U0003696

LOCUS

LOCUS

LOCUS

LOCUS

smile, please

smile048

星座相對論——和我最速配

著：溫世義　　繪圖：蔡志忠

責任編輯：韓秀玫

封面設計：張士勇

法律顧問：全理法律事務所董安丹律師

出版者：大塊文化出版股份有限公司

台北市 105 南京東路四段 25 號 11 樓

www.locuspublishing.com

讀者服務專線： 0800-006689

TEL ：(02) 87123898　FAX ：(02) 87123897

郵撥帳號： 18955675　　戶名：大塊文化出版股份有限公司

e-mail:locus@locuspublishing.com

行政院新聞局局版北市業字第 706 號

總經銷：北城圖書有限公司　地址：台北縣三重市大智路 139 號

TEL ：(02) 29818089 (代表號)　FAX ：(02) 29883028　29813049

製版：源耕印刷事業有限公司

初版一刷： 2002 年 5 月

定價：新台幣 200 元

ISBN 986-7975-30-8

Printed in Taiwan

星座
相對論

和我最速配

溫世義◎著

蔡志忠◎繪

追求和諧與圓融

溫世仁

　　我們溫家有四個兄弟,溫世義排行老二,我常說他是我們四個兄弟中書唸得最好,也最有才華的一個。我一直覺得他是一個比較感性、重情義的人,總之,有這方面的特質。在他唸書時代,我也發現他對圖畫的感受力很強,後來他到英業達任職的時候,就自然而然帶領跟遊戲軟體開發有關的團隊。在接掌明日工作室的團隊之後,他什麼時候開始私下研究起星座來了?而且一出手就提出了「五星星座相對論」這樣結合理論與應用原理的創意!這問題我還真沒有仔細問過他。

　　前一陣子,我無意中聽到有明日工作室的同事這樣形容「溫世仁」──「溫先生他的太陽在水瓶座,就好像是帶著天文望遠鏡,眺望著別的星球有沒有新奇的玩意兒……」有時候我提出的點子太多,同仁們在忙的不可開交時,我還聽過有同仁私下這樣說:「通常太陽在水瓶座的人會設定類似『火星計劃』的目標,然後在大家都遺忘了後,被某些人實行。……」

　　直到最近,溫世義請我這個明日工作室創辦人為這本《星

座相對論》寫序，我看了初稿之後才會心發現，原來前面同事那些「溫世仁的形容」，就是來自這本書的「披露」。

　　我對星座沒有特別研究，但是透過閱讀這本《星座相對論》，我突然發現更了解我這個弟弟了，同時了解他為何在明日工作室的「空中書城」無線閱讀網站，首波推出《星座相對論》。

　　溫世義在大學唸的是化學系，後來到日本唸研究所時，也是主修工業化學。我突然想到，「化學 V.S 星座」，化學與星座相對論有什麼關聯呢？基本上化學談的是「分解與融合」，而星座相對論的特性不正也是如此嗎？它是一種「人際關係」的分解與融合。

　　溫世義透過《星座相對論》，將原來立論簡單的太陽十二星座「分解」擴大成為五星星座，讓人際與自我之間的關聯更微妙精確，然而，「分解」之後會變得比較複雜且非人人可「解」，於是溫世義透過他的思維理論進行「融合」，予以簡化、量化，又變成人人可解了。

溫世義是一個受過科學訓練的人，而本身又相當感性。於是他就這樣──把感性的創意，導入理性的程式。

　　在他的定義中，《星座相對論》是一種「感性消費」、「感性數位內容」，它可以讓人與人之間的不了解，在瞬間透過《星座相對論》而有了感性的交會。

　　在「空中書城」行動閱讀這個新趨勢中，極適合推出這種可以快速了解人際關係的「感性消費」，而空中書城的本質也是一種空中交會，讓科技與人文在空中交會、讓知識與人在空中交會、讓閱讀與心靈在空中交會，有了交會，人際與生命就和諧圓融了。

　　《星座相對論》這本書除了溫世義的文字外，更重要的是，我的好朋友、也是明日工作室的另一位創辦人蔡志忠先生，為這本書精心繪製的漫畫，圖與文的相互搭配，讓這本書更美好地呈現在讀者面前。

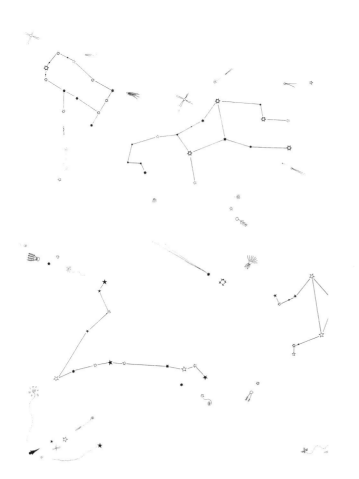

【星座相對論Q&A】
Q.甚麼星座喜歡設定
目標?
★牡羊座會設定一個短
程目標,然後全力以
赴,享受達成的成就
感。
★摩羯座會設定一個長
程目標,然後用耐心和
毅力,一步一步的登上
高峰。
★射手座會設定遠大的
目標,然後還沒有達成
前,又有了另外的遠大
目標。
★水瓶座會設定類似火
星計劃的目標,然後在
大家都遺忘了後,被某
些人實行了。

擁有這四種星座的人將
會一生都在追求大大小
小,遠遠近近,切實的
或不切實際的目標。

【序2】
快樂做自己

蔡志忠

　　快樂就是智慧的源頭，找到智慧之前，得先找到快樂；找到快樂之前，得先找到自己。

　　完全如實地了解自己，與自己所處的時空變化，那麼自得、自在的快樂便產生了……快樂產生之後，智慧便從其中或多或少或長或短地冒出來！

佛陀說：「無明是痛苦的來源。甚麼是無明呢？不知天，不知地，不知時，不知節，不知人，不知我，就是無明的根本，於是雜想、妄念便無端地迴繞在心中，痛苦便從其中不斷地冒出來。」

對於西洋星座，我實在了解不多，溫世義先生找我爲《星座相對論》畫圖時，曾就我的星座——水瓶座剖析了我個人性格的優缺點，並且以五星星座輔佐說明；關於星座的電視節目我經常看到，但是像溫世義這種說明方式，我還是第一次聽說，很有趣；這本書和我一向強調要做自己、了解自己的想法是一致的，因此我高興地畫了這本書。

　　了解自己，是人生的第一個智慧。每個人的人生智慧就在自己身上，只是需要不同的鑰匙來開啟，請把《星座相對論》當作一把鑰匙，打開門來體會找到自己的快樂吧！

未悟之前…
魚兒想飛，
鳥兒想潛水。

開悟之後，
雲在青天，
水在瓶中。

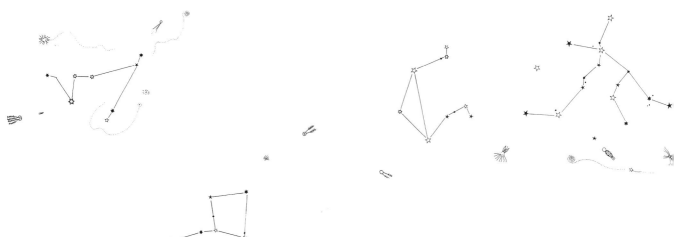

目　　錄

【自序】
尋找 25,920 種人

溫世義

　　由於工作的關係，很早就開始帶領多數人的工作團隊，對於人際關係的問題常感棘手，即使鑽研了不少領導統御的書籍，還是對於不斷發生的人事問題深感頭痛。

　　本來對星座沒有太大的興趣，覺得那是小朋友的玩意，有一次出差時，隨便抓了一本書，很巧的是星座的書，為了打發旅途中的無聊隨興閱讀，居然被其將 12 星座賦予四象，三態的屬性深深吸引，覺得比其他種類的書籍對人的分類更精妙，更容易理解。

　　四象為熱情的火象，務實的土象，講理的風象和感性的水象。

三態為喜歡主導的基本型（液態），喜歡安定的固定型（固態），和喜歡配合的變動型（氣態），四乘三等於十二，每個星座代表一種特性，和其他星座有相同的特性又不盡相同。讓我悟出了人的多樣性，不再要求所有人都要完全一樣，很巧妙的

幫我解決了深感頭痛的人事問題。

　　於是覺得不管星座的理論是不是像傳說中那麼準，能夠將人這樣有系統的分類已經非常有學習價值。從此開始博覽有關星座的書籍，從淺顯的 12 星座入門書，到深奧的占星學教科書，逐漸的陷入這門知識的魅力陷阱而不可自拔。特別是對星象命盤居然能夠像人生劇本一樣讀出那麼多不可思議的資訊而感嘆不已。有一段時間周圍的親友，同事都成了我印證占星學的對象，其中也有需要存疑的，也有溝通瞭解後可以精準解析的，但每次看到他們對於結果的驚訝，都讓我越來越感受到這門知識的神奇。

　　由於從小就被灌輸有要相信科學，不可迷信的觀念，所以雖然能力和知識有限，還是很努力嘗試著用科學的部分來解釋這門神奇的知識。

　　首先我認為這是一門統計學，而且還是結合了數千年來無數聰明人的智慧結晶的統計學，在理論形成的過程中有某一位聰明的有心人，對他能夠瞭解個性的人們從事統計分析，研究其中個性的同異性，並發表一套個性和生日相關的理論。由於生日和星座有關聯，於是提高了人們研究的興趣。後來研究這套理論的人會拿前人訂下的規則來和自己的研究印證，不能解

釋的就更深入研究，有了創見就發表，漸漸地豐富了這門知識的內容。就像我也會拿星象命圖中已被廣泛接受的理論來解析熟悉的親人朋友並且進行印證一樣，符合的理論就接受，不符合的就進一步探討合理的解說方式。如此每個人將研究的心得流傳下來，就累積成為實用性的知識。所以既然是一門統計學，那就是科學的，結果也就是可以採信的。

　　接著是尋找怎麼解釋比較科學一點。為什麼個性和星座有關，還沒有完全明確的科學證明，不過聽到過一種比較可以接受的假設，認為人在出生離開母體開始思考時，大腦受到星光的格式化，如果太陽當時在牡羊座 3/21-4/20 就格式化成牡羊座熱烈進取的個性，太陽在天蠍座 10/24-11/22 就格式化成天蠍座多情頑強的個性。是不是這樣，只能留待後人在科學更進步時去印證。

　　大部分 12 星座的書籍只談太陽星座，淺顯易懂，不過只將人分成 12 種，太過簡單無法用來瞭解細膩的個性。而占星學研究星象命圖，理論博大精深，可以宏觀的，也可以微觀的推測人的個性和命理。不過一定要下定決心排除萬難，而且花很長的時間學習才能像筆者一樣略懂皮毛。若要成為專家，則一定還要有慧根才能瞭解其中玄妙的部分。因為占星學不只考慮到太陽星座，還考慮到太陽系所有行星——水星、金星、火星、

木星、土星、天王星、海王星、冥王星以及月亮對人的影響。不只這些，還有上升星座、上升點、下降點、天頂、天底以及各個小行星對人的影響。而且影響的還不只是星座，還有相位，宮位等等比較抽象的理論，一般人光看到這些名詞就先昏倒，更甭說要學習了。不過筆者認為只停留於太陽星座的知識是不夠的，一定要讓大眾瞭解更進一步的星座資訊才不會浪費占星學寶貴的知識。

筆者從事多媒體工作多年，目前經營明日工作室也一直以「讓知識的獲得更有趣」為理念，所以如何讓讀者最輕鬆愉快的獲得奧妙的知識是筆者一向努力的目標。幾經思索，終於發現從占星學中挑出五星星座來解析個性就既可豐富又細膩的瞭解個人的個性，又不必太在意占星學繁雜的名詞，可以達到讓每個人輕鬆愉快地學會星座中寶貴的人生知識的目的。

因為雖然除了太陽星座以外，又多了月亮星座、水星星座、金星星座和火星星座四個星座，但只要知道人不只擁有一個星座的特性，而會有複數星座的特性即可，這樣就可以很簡單的瞭解為何兩個有相同太陽星座的人，卻還是會有不同的個性。

不只如此而已，還可以詳細的知道，個性不同的地方在那

裡。因為只用太陽星座來分析個性，那只能將人分為12類，也就是每12個人就有1人個性和你一樣，那太籠統了。如果再加月亮星座，就可將人分為12乘12等於144種。若再加火星星座，就可以分類成12乘12乘12等於1，728種。如果採用五星星座，那麼單純的計算就可將人分成12乘12乘12乘12乘12等於約24萬種。不過水星是太陽系最接近太陽的第一個行星，金星是第二個，地球是第三個，所以對地球而言，水星和金星是內行星，從地球看過去，水星通常在太陽星座的同一或前後一個星座內，金星通常在太陽星座的同一或前後兩個星座內。也就是說太陽星座是獅子座的人，水星星座只可能在巨蟹座，獅子座或處女座三個星座，金星星座只可能在雙子座，巨蟹座，獅子座，處女座或天秤座等五個星座。但月亮星座和火星星座就可能在12星座的任一星座了。所以正確的計算應該是12乘12乘12乘3乘5等於25,920，所以用五星星座來分析個性會超過25,000種結果，絕對夠細膩豐富了。

舉例來說，成龍的太陽星座是牡羊座，所以他有牡羊座熱烈進取的個性。但是大約每12個人就有一個人是牡羊座，如果說每12個人就有一個人個性和成龍一樣，那就太籠統了。要是用五星星座來分析，成龍除了太陽星座是牡羊座外，月亮星座是雙子座，水星星座是雙魚座，金星星座是金牛座，火星星座是射手座，所以成龍不只有牡羊座熱烈進取的個性，還有雙子

座活潑好奇，雙魚座多情浪漫，金牛座務實安定，射手座熱情隨興的個性，甚至是五星星座的綜合體，有著成龍獨特的個性，絕對不會是12個人就有一人個性和他一樣的。

用五星星座來瞭解個性，可以發現個性中的多樣性，每個人喜歡的異性類型不只一種，金錢觀不只一種，決策模式不只一種等等。甚至可以細膩地發現自己內心的矛盾和潛能。另外比較兩個人的五星星座，可以發現並很詳細的列出兩個人會互相欣賞或互相衝突的特質。甚至光用五星星座就可以瞭解一個人的人生觀，價值觀和行為模式等等。凡此種種並不是只用太陽星座分析做得到的。而更重要的是學習這方法並不是像學占星學那麼困難，而只是像學太陽星座那麼簡單。

為何只選用五星星座是因為從地球看這五星的轉動週期為太陽 1 年，月亮 1 個月，水星 0.25 年，金星 0.6 年，火星 1.88 年，在占星學上這五星關聯到個人的個性。而其他行星的轉動週期為木星約 12 年，土星約 29.5 年，天王星約 84 年，海王星約 174 年，冥王星約 248 年， 通常相同年次的人這些行星會在同一星座，在占星學上是和年代的集體意識比較有關，對個人個性的影響比較薄，因此選用太陽、月亮、水星、金星和火星這五星星座來進行個人的個性分析以及和他人的速配狀況會是較簡單的，容易瞭解的，和比較科學的。

星座相對論和五星速配絕對不是筆者發明的理論，而是在筆者秉持著「讓知識的獲得更有趣」的理念下整理出來的理論，希望讀者們能夠輕鬆有趣的吸收，如果能夠為讀者們在生活上提供多一些思維的參考，筆者就心滿意足了。

感謝

　　首先要感謝蔡志忠先生幫我作畫，讓這本理論份量蠻重的書能夠變得更有趣，更平易近人。在這本書的製作過程中，蔡大師一直是在理念上給我最重要指導的人。也是因為蔡大師在第一次看了我的草稿就答應要幫我作畫，才讓我有信心堅持到底。也感謝英業達集團提供手機，個人數位助理等硬體平台讓星座相對論能夠透過無線網路為讀者提供更便捷的服務。

　　感謝明日工作室全體員工協助我蒐集、整理資料出版這本書，並且運用多媒體的核心技術製作「星座魔法牌」，以及在空中書城網站為讀者提供五星個性分析和五星速配的服務。有了同仁們在工作上對我全力的支持，這本書以及對讀者的配套服務才能夠順利完成。

　　當然也要感謝明日工作室的創辦人，我的大哥溫世仁先生，有了他對我的完全信任和給我精神上的支持，我才能帶領明日工作室全體員工完成這個需要整合多項多媒體技術才能完成的計畫。

　　最後謹用一句我很喜歡的話，和愛護我們的讀者共勉。
——『物換星不移，用微笑看雨過天晴。』——

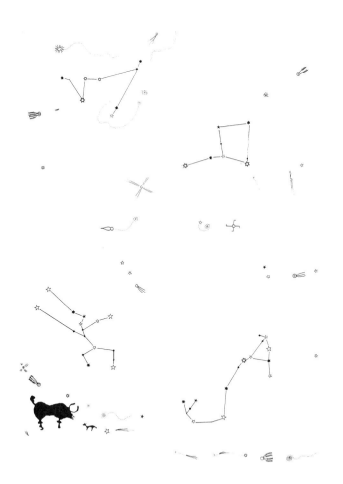

Q.甚麼星座的人像藏鏡人？

★處女座是帶著放大鏡，隨時在檢查環境有沒有髒亂。

★射手座是帶著望遠鏡，不時地看著遠方有沒有有趣的目標。

★水瓶座是帶著天文望遠鏡，不斷地眺望著別的星球有沒有新奇的玩意。

★天蠍座也帶著放大鏡，但卻是像福爾摩斯那樣用來偵察探索的。

所以擁有處女座，射手座，水瓶座和天蠍座的人，我們稱他為藏鏡人。

何謂星座相對論？

宇宙星體發出的磁場，對人的性格有很大的影響，情況錯綜複雜，古今中外已有很多人致力於研究，雖然尚未能完全解開其謎團，但多少已發現了冰山的一角，那就是：人在出生離開母體時，太陽、月亮等星體所在天空的位置，和人天生的個性有著密切的關係。

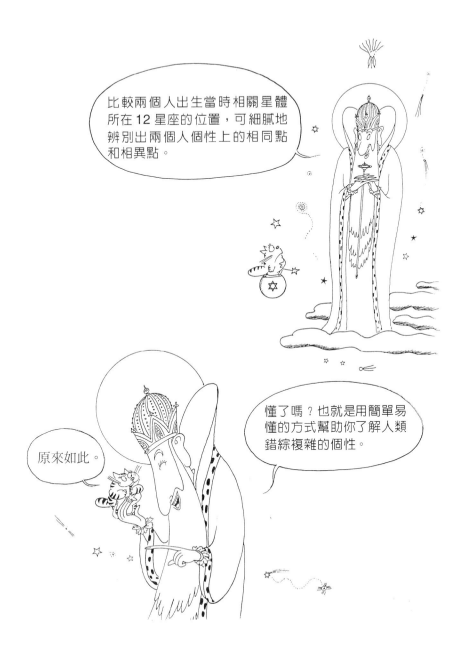

比較兩個人出生當時相關星體所在 12 星座的位置，可細膩地辨別出兩個人個性上的相同點和相異點。

懂了嗎？也就是用簡單易懂的方式幫助你了解人類錯綜複雜的個性。

原來如此。

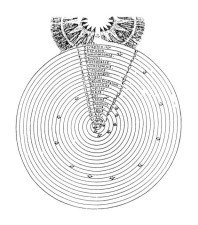

太初，整個宇宙是一片混沌，許
多世界仍在成形之中，有的世界
大如浩瀚星雲，有的世界小如芥
子，但在最初之時，所有的世界
都呈現一種迷濛不明的混沌。

在宇宙的最深處，便是造物主天神的居住之處，古代的希伯萊
聖經中曾經記載，他在七日內創造了整個世界，並且在第七日
造了人類。

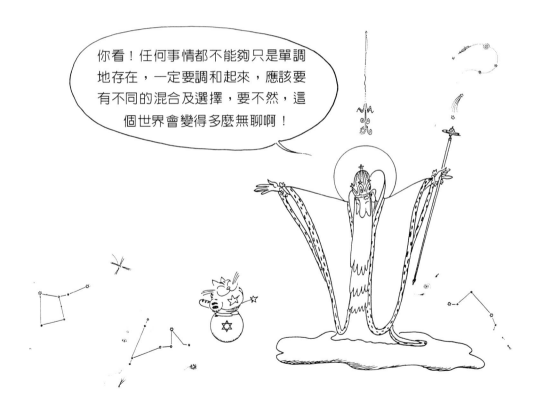

你看！任何事情都不能夠只是單調
地存在，一定要調和起來，應該要
有不同的混合及選擇，要不然，這
個世界會變得多麼無聊啊！

宇宙之間，存在著正反的兩種力量，有時互相牴觸，有時又會相互補償，這兩種力量，一種稱之為『陽』，另一種則是『陰』。

我要讓「人」的特性分為陽性和陰性，有時要像太陽一樣，讓你熱得出汗，有時卻又像北風一般，讓你冷得縮脖子。

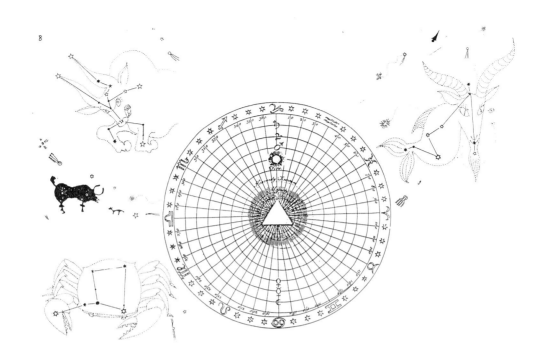

『陽性』，主宰的是人的活力特質，主動的個性，和積極的天賦。

『陰性』，管理的是人類的柔和部份，像做事細緻小心的特質、內斂和更精細的天性。

一個缺乏變化的世界是不會進步的，有了『陽性』和『陰性』，人類組成的社會才會是一個調和的世界……

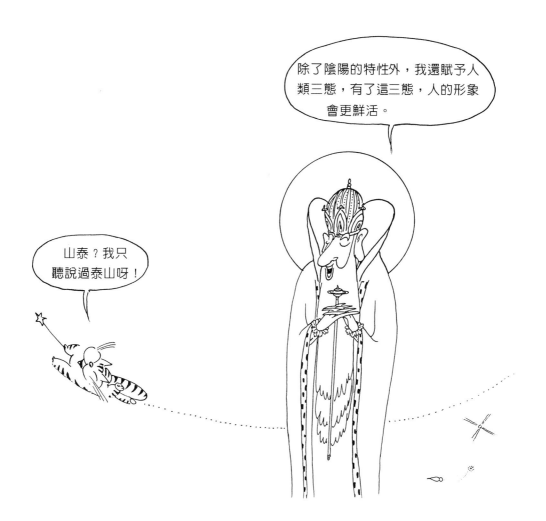

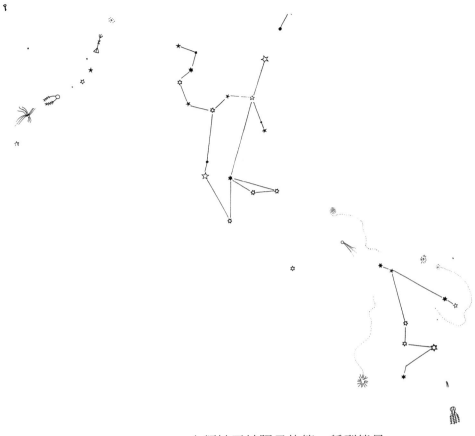

人類被天神賜予的第一種型態是
液態，像水、大海、河流。有液
態特徵的人是基本型態的人，他
有很強的擴散能力，卻又不容易
變動，也不會墨守成規。

液態人將成為最適合開創新世
界、新領域的開路先鋒。

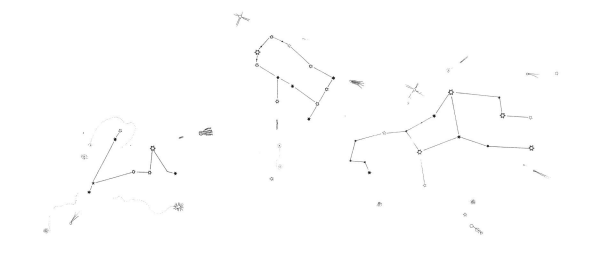

第二種型態是固態，像石頭、山
巒。固態的人屬固定型，會有很
強大的凝聚力，比較穩定，雖然
缺乏變化，卻像是山巒一樣的亙
古不變，令人信賴。

因此固態人會是一個適合鞏固整
個組織、世界的運籌帷幄者。

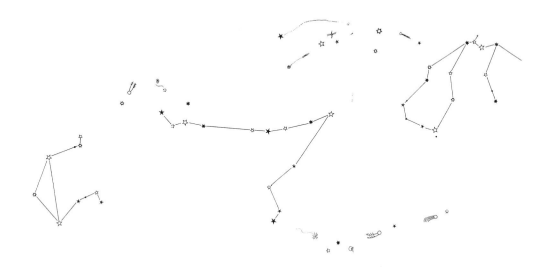

第三種人是氣態的人，像風像雲又像空氣，不停地變化，動來動去，理所當然是變化型。說穿了，就是一個『動』字，很難安靜下來，這樣的人會有強大的波動力，需要活力的工作最適合他。

具備氣態特徵的人，最適合的工作便是配合他人行事。

有了陰、陽二元，有了三態，這還不夠…喔！再來個四象吧。

老天爺，做人這麼複雜呀！

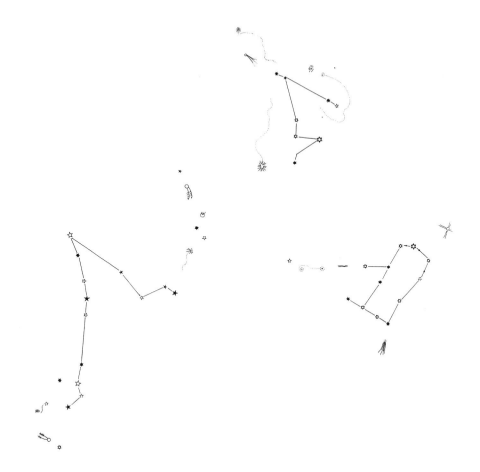

這四個「象」，第一個是火象！

火象的特質是積極、活力，而且
特別重視成就感！

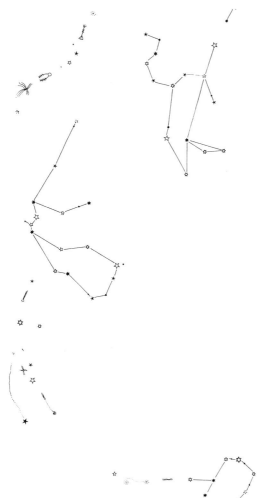

第二個「象」是土象！

土象的特質是務實、耐性，土象的人重視物質的滿足，沉穩而可靠。

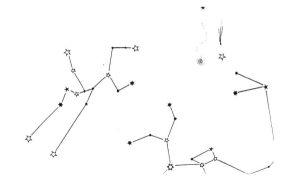

第三個「象」是風象！

風象的人，特質是客觀、理智，
他們具備協調溝通的能力，更擅
長營造良好的人際關係！

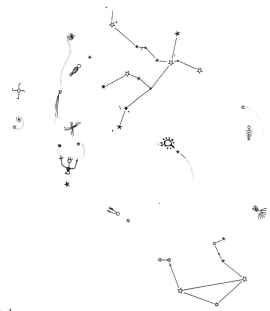

第四「象」，是水象！

水是萬物不可缺少的重要元素，
沒有水幾乎不可能形成世界。水
象的人有著多情敏感的特性，他
們像水一樣柔軟，卻又像江海一
樣的堅強，並且，他們還更重視
精神上的滿足！

星座相對論
和我最速配

原理篇

第一章　　太陽星座

從太陽星座可以大略了解人們的共同性格。

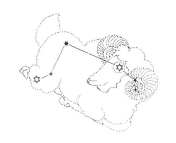

牡羊座
生日：3/21～4/20
基本特性：熱烈進取

陽性，液態，火象。
牡羊座的守護星是有「戰神」之名的火星。身為火象星座的牡羊，有著開朗熱誠的性格，以及堅強的鬥志，為了心中的理想，可以忍耐現實的不如意，一旦有了實現的機會，就會拚盡全力，散發光與熱以求夢想實現。能夠克服原本像百煉鋼一樣頑強的事情，變成繞指柔般的柔順聽話，大概是你最有成就感的時候了！你會是朋友裡的智多星、帶頭的大哥級人物。可是，坦率活躍的你，待人處世要記得堅持下去的重要，燃燒到底，可別虎頭蛇尾。

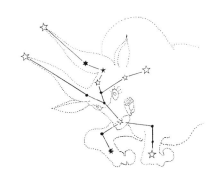

金牛座

生日： 4/21～5/20

基本特性：務實穩定

陰性，固態，土象。

金牛座的守護星是金星。雖然做起事、走起路來速度不快，但是金牛座的你，只要決定開始行動，每一個步伐可都是又穩重又踏實的！擇善固執，只要認為是對的事情，無論多久也會辦到。處世慎重的你，滿面笑容，常常有出人意表的靈活跟幽默，逗得大家開懷大笑；對於朋友的託付，只要接受了，不管多難也一定會辦到。對於愛情認真執著，責任感強，可以給你的伴侶安定感。對於美食和藝術有特別鑑賞力的你，要記得：寧可把頑固的牛脾氣發在難以克服的障礙上，可別拿來對付你的朋友或家人。

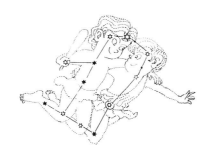

Ⅱ

雙子座

生日：5/21～6/20

基本特性：明理好奇

陽性，氣態，風象。

雙子座的守護星是水星。是一個天生就善於表達、變化的星座。靈魂裡永遠存在著兩個不安分的小孩子，總是爭相想要出頭，急著說話、表現。你非常的幽默靈活，長袖善舞，懂得在什麼場合，就該說適合那個情境的話，表現出那個場合適合的模樣，所以你身邊總是圍繞著許許多多的朋友，他們都是被你的魅力所吸引來的，因為你有強烈的求知欲和好奇感，對音樂、文字或是繪畫具有特別的感受力。不安於室，常常有遠行的打算，不喜歡被固定的人事物綑綁，嚮往自由自在沒有牽掛的生活。你可以在同時間裡，又準確又迅速地完成好幾件事情，可是一定要量力而為，可別累壞了自己，又導致神經衰弱才是。

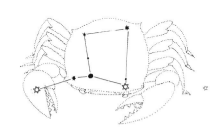

巨蟹座

生日： 6/21～7/21

基本特性：多情體貼

陰性，液態，水象。

巨蟹座的守護星是月亮。是一個充滿母愛與陰柔氣質的星座，只要有了溫和內向的你，什麼場合都會變得氣氛和諧。懂得照顧、關心別人，對朋友忠心耿耿，朋友在你的慰藉下都可以重新站起來，你雖然不是很亮眼的人物，卻會是大家不可或缺的良師益友。你非常的敏感，直覺很強，常常因為人們無心的一句話或一個動作而傷害了你，使你感到心痛、退縮而自憐自艾。巨蟹座的記憶力通常都高人一等，對於過去的一切總是眷戀不捨又難以忘記，對於友情與身旁週遭美好的事物，即使已經殘破不堪，也希望能夠在不傷感情的前提下，想要維繫到最後。

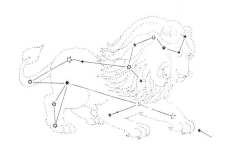

獅子座
生日：7/22～8/21
基本特性：熱烈誇張

陽性，固態，火象。
獅子座的守護星是散發光芒與熱量的太陽。獅子座的你總是開
朗、快樂，不愛被使喚，喜歡支配自己能力所及的事情，天性
裡就有一種領袖的氣質。你想要好好照顧依賴你的人，即使是
犧牲自己的利益也在所不惜。你的性子很急，說話很快，常常
在人前看來威風、高傲、強悍。可是心裡有時候也會覺得孤
獨，不願意隨波逐流，卻也不知道該怎麼和朋友說心裡的話，
其實只要稍微放下你的尊嚴，別聽信一些矯情的奉承，用自己
的眼睛去看這個世界，獅子座的遠大眼光絕對是這個世界進步
的最大動力之一。

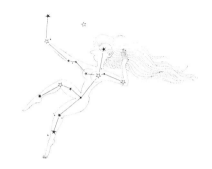

♍

處女座
生日：8/22 ～ 9/21
基本特性：務實完美

陰性，氣態，土象。
處女座的守護星跟雙子座一樣，都是水星。處女座的人，要求
正義、純潔與單純，並且追求一個完美境界，永遠不會氣餒。
無論是生活還是精神層面，處女座的你，一定會在心裡，為自
己開闢一個單純、潔淨的小天地。你對事情的觀察判斷非常精
準，只要經過你謹慎又敏銳的評估，往往一言中的。你對於知
識具有高度的敏銳，想法多變而富有創意，而做法卻相當實
際，腳踏實地，可以得到很大的成就。你的外表看起來可能太
一絲不苟、太過保守，做事太在意細節、見小不見大而態度消
極；其實了解你的朋友，日子一久就會發現：你的內在卻是聰
明靈活、堅定又謙虛的。

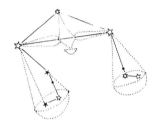

天秤座
生日：9/22 ～ 10/22
基本特性：明理和諧

陽性，液態，風象。
天秤座的守護星與金牛座相同，都是金星。天秤座的你，兼具
冷靜理智與浪漫典雅兩個特性，天生就帶有優雅氣質，也是浪
漫的戀愛高手。非常親切又善於交際，任何熱鬧的場合一定少
不了天秤座，而你也總能把氣氛拿捏得恰到好處，所以總是能
在人們心中留下好印象。對於事情的看法公正客觀，但總是神
祕地不輕易透露自己的真正想法，令人難以捉摸。你很能因事
制宜，可以在事情中找出平衡點，優柔卻不寡斷；也因為這
樣，很適合扮演朋友間的仲裁者。

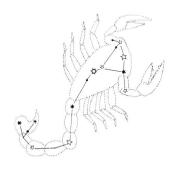

♏

天蠍座

生日：10/23～11/21

基本特性：多情頑強

陰性，固態，水象。

天蠍座的守護星是冥王星。天蠍座的你，直覺敏銳，愛恨分明。別人對你好，你記在心底；別人欺負你，不管過多久你都不會忘記。你不會刻意地想要傷害他人，但是如果是你被傷害，一定會設法還擊。你的外表非常安靜而彬彬有禮，眼光深沉又能獨立思考，但心裡卻有非常強大澎湃的能量，支撐你過人的意志力，克服障礙，達成你的目標。你有種令人難以抗拒的神秘魅力，能影響、吸引、撫慰你的朋友，贏得他們的信賴。對愛情非常熱情，付出感情後就不畏艱難，奮戰不懈，絕不退縮。但是怎樣克服感情世界，天蠍座天性裡的忌妒、佔有、自私等種種衝動，也是你必須認真面對的問題。

射手座
生日：11/22 ～ 12/20
基本特性：熱烈隨興

陽性，氣態，火象。
射手座的守護星是木星。射手座的你，儀表爽朗，舉止活潑，
看起來永遠像是個長不大的孩子，永遠有著高遠的理想和純潔
的性格。你的心中充滿改變人世間的不公的念頭，總是對現在
的環境不滿意，常常想掙脫束縛，漂泊到遠方流浪。你生性樂
觀，具有衝破現實桎梏的動力和熱情，非常經得起挫折失敗的
打擊，因此總能夠得到成功。對於愛情起伏很大，有時候熱情
如火，有時候又漠不關心。當你往前馳騁的馬蹄啟動的時候，
也許應該回頭看看你的伴侶，是不是已經準備好與你一起奔馳
了？

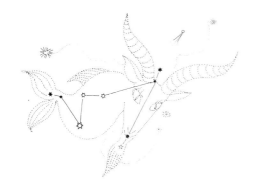

♑

摩羯座
生日：12/21～1/19
基本特性：務實上進

陰性，液態，土象。
摩羯座的守護星是土星。摩羯座的你，具有很強的耐力，以及不屈不撓的奮鬥精神。你的外表可能很保守樸素，對待朋友可能很嚴肅認真，有時候會讓人覺得有點無趣。其實你心思周密，機警聰明，往往能夠準確捉住時機，適時投注你的努力，進而獲得成就。你對於環境有著很高的忍耐力，並深具責任感，爲了使計畫能夠不折不扣地實現，可以熬過漫長艱辛的準備時期，絕不鬆懈。在你的內心深處，對於人世間的事情，即使是愛情，總是抱持著一種難以解開的深沉悲觀，但並不因此而退縮，這種傾向反而能使你的行事更清晰謹慎、沉穩練達，不會盲動躁進，而得到週遭朋友長官的信任。

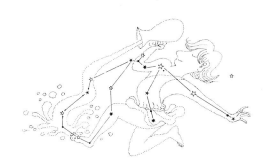

水瓶座
生日：1/20～2/18
基本特性：明理革新

陽性，固態，風象。
水瓶座的守護星是天王星。身為水瓶座的你，有一顆非常崇尚
自由與講求真理公正的心靈。你的朋友很多，而且你對待朋友
也非常認真可靠，是朋友心目中託付心事的最佳人選，甚至連
你的情人都會有些忌妒哦！水瓶座的人，對於知識有無止盡探
索的企圖心，而且能夠用銳利的觀察力，來洞悉事物的真相。
有迷人的風度，不容易受環境的影響，而停下自己的腳步，因
此多半都能夠獲得很好的成就。不過，也要記得時時敞開你心
中的窗，別讓冷漠與固執悄然成為你的面具。

雙魚座
生日：2/19 ～ 3/20
基本特性：多情浪漫

陰性，氣態，水象。
雙魚座的守護星是海王星。喜歡作夢的你，天性和平，氣質不
凡，溫柔感性又善良體貼，是很多人心目中的愛情夢幻對象。
雙魚的心是溫暖多情的，喜歡浪漫的氣氛，對朋友非常親切、
慷慨、樂於助人，不會在意別人的不是，所以朋友們都願意敞
開心門與你來往，最能夠吸引志趣相投的好朋友。善感的你需
要有人來關懷或注視，不過，也不要養成太依賴別人的習慣，
以免當有時親密愛人或好友忽略了你，自己就感到孤獨得難以
承受。

第二章　　星座速配

第一節　　何謂星座速配？

有時你會覺得和某人特別有默契，不管說什
麼，一點就通。某人的行事作風合你的胃
口，某人特別令你欣賞。某人的觀念和你
不同，談話有如雞同鴨講。某人特別看不
順眼，某人動不動就和你作對。那是因為
你們的星座不同，人生觀、價值觀
等等也就跟著不相同。只要進一
步了解星座間的速配關係，就可
以想通其中的道理。

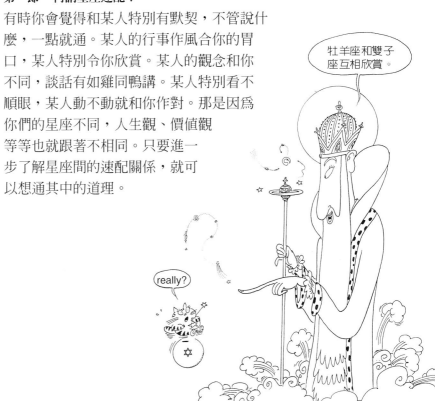

牡羊座和雙子
座互相欣賞。

really?

第二節　星座速配原理

星座有二元，三態，四象，因此彼此之間會相互吸引或排斥。

二元間關係：

1.同樣陽性，都比較活潑，主動，積極，會互相吸引。

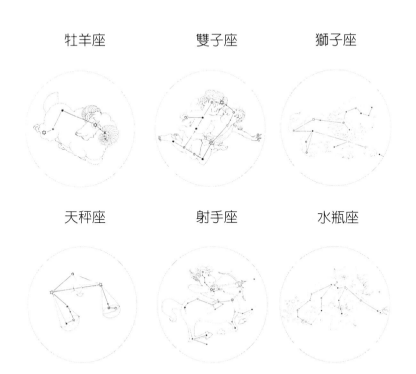

| 牡羊座 | 雙子座 | 獅子座 |

| 天秤座 | 射手座 | 水瓶座 |

2.同樣陰性，都比較柔和，細膩，內斂，會互相吸引。

金牛座	巨蟹座	處女座

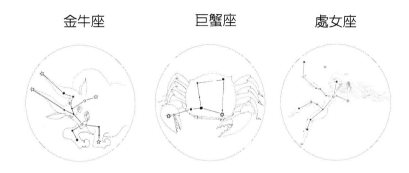

天蠍座	摩羯座	雙魚座

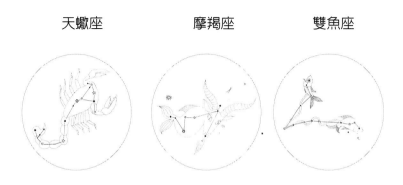

三態間關係：
1.同樣液態，都很有擴散力，互爭主導權，會有麻煩。

| 牡羊座 | 巨蟹座 | 天秤座 | 摩羯座 |

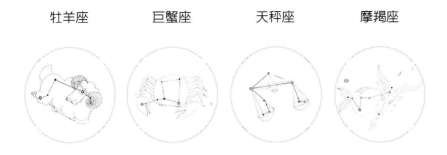

2.同樣固態，都很有凝聚力，互爭主控權，會有麻煩。

| 金牛座 | 獅子座 | 天蠍座 | 水瓶座 |

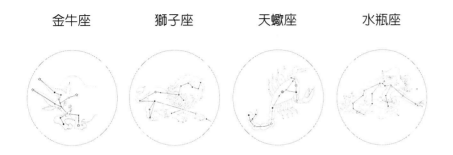

3.同樣氣態，都不願主導或主控，互相推諉，會有麻煩。

雙子座　　　　　處女座　　　　　射手座　　　　　雙魚座

四象間關係：
1.同樣**火象**，都比較熱烈積極，互有好感。
如：牡羊座、獅子座、射手座。

2.同樣**土象**，都比較務實內斂，互有好感。
如：金牛座、處女座、摩羯座。

3.同樣**風象**，都比較活潑講理，互有好感。
如：雙子座、天秤座、水瓶座。

4.同樣**水象**，都比較多情敏感，互有好感。
如：巨蟹座、天蠍座、雙魚座。

5.**風象**（雙子座、天秤座、水瓶座）和**火象**（牡羊座、獅子座、射手座），同屬陽性，都主動開朗，火象的活力和風象的動感，風風火火，互相欣賞。

6.**水象**（巨蟹座、天蠍座、雙魚座）和**土象**（金牛座、處女座、摩羯座），同屬陰性，都柔和細膩，水象的細水長流和土象的穩定性，水土交融，互相欣賞。

7.**火象**（牡羊座、獅子座、射手座）和**水象**（巨蟹座、天蠍座、雙魚座），火象的火氣和水象的敏感，水火不容，會有麻煩。

8.**風象**（雙子座、天秤座、水瓶座）和**土象**（金牛座、處女座、摩羯座），風象的變幻如風和土象的不動如山，風吹土揚，會有麻煩。

9.**火象**（牡羊座、獅子座、射手座）和**土象**（金牛座、處女座、摩羯座），性質不同，但衝突不算大，可相安無事。

10.**風象**（雙子座、天秤座、水瓶座）和**水象**（巨蟹座、天蠍座、雙魚座），性質不同，但衝突不算大，可相安無事。

第三節　12星座速配分析
你和誰最速配？

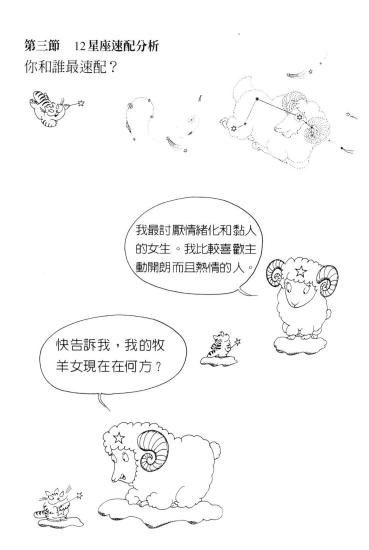

我最討厭情緒化和黏人的女生。我比較喜歡主動開朗而且熱情的人。

快告訴我，我的牧羊女現在在何方？

牡羊座：陽性，液態，火象。

當牡羊座遇上牡羊座
關鍵詞：默契。
性質全部相同，像照鏡子，互有默契。

當牡羊座遇上金牛座
關鍵詞：普通。
性質完全不同，但火象和土象可相安無事。

當牡羊座遇上雙子座
關鍵詞：欣賞。
同屬陽性，都主動開朗，火象的活力和風象的動感，風風火火，互相欣賞。

當牡羊座遇上巨蟹座
關鍵詞：大麻煩。
同樣液態，都很有擴散力，互爭主導權，會有麻煩，牡羊座無法忍受巨蟹座的情緒化和黏人，巨蟹座無法忍受牡羊座的衝動和不受拘束。

當牡羊座遇上獅子座

關鍵詞：好感。

同屬陽性，火象，活動力強的兩個人，互有好感。

當牡羊座遇上處女座

關鍵詞：普通。

性質完全不同，但火象和土象可相安無事

當牡羊座遇上天秤座

關鍵詞：同中有異。

同屬陽性，風風火火，互相欣賞；同樣液態，互爭主導權，會有麻煩。兩人都重視形象，互有同感，但牡羊座重視自我的認同，天秤座重視他人的認同，觀念不同。

當牡羊座遇上天蠍座

關鍵詞：小麻煩。

性質完全不同，火象和水象，水火不容，會有麻煩。牡羊座不喜歡天蠍座的深沉，天蠍座不喜歡牡羊座的莽撞。

當牡羊座遇上射手座

關鍵詞：好感。

同屬陽性，火象，活動力強的兩個人，互有好感。

當牡羊座遇上摩羯座
關鍵詞：大麻煩。
同樣液態，都很有擴散力，互爭主導權，會有麻煩。牡羊座無法忍受摩羯座沉默是金的態度，摩羯座無法忍受牡羊座急躁輕率作風。

當牡羊座遇上水瓶座
關鍵詞：欣賞。
同屬陽性，都主動開朗，火象的活力和風象的動感，風風火火，互相欣賞。

當牡羊座遇上雙魚座
關鍵詞：小麻煩。
性質完全不同，火象和水象，水火不容，會有麻煩。牡羊座不喜歡雙魚座的多愁善感，雙魚座不喜歡牡羊座的莽撞。

金牛座：陰性，固態，土象

當金牛座遇上牡羊座
關鍵詞：普通。
性質完全不同，但火象和土象可相安無事。

當金牛座遇上金牛座
關鍵詞：默契。
性質全部相同，像照鏡子，互有默契。

當金牛座遇上雙子座
關鍵詞：小麻煩。
性質完全不同，風象和土象，風吹土揚，會有麻煩。金牛座不
喜歡雙子座的善變，雙子座不喜歡金牛座的頑固。

當金牛座遇上巨蟹座
關鍵詞：欣賞。
同屬陰性，水土交融，互相欣賞，巨蟹座的母性和金牛座的穩
定互相欣賞。

當金牛座遇上獅子座

關鍵詞：大麻煩。

同樣固態，互爭主控權，會有麻煩。金牛座無法忍受獅子座的霸氣，獅子座無法忍受金牛座的頑固。

當金牛座遇上處女座

關鍵詞：好感。

同屬陰性，土象，務實的兩個人，互有好感。

當金牛座遇上天秤座

關鍵詞：小麻煩。

性質完全不同，風象和土象，風吹土揚，會有麻煩。金牛座不喜歡天秤座的搖擺，天秤座不喜歡金牛座的頑固。

當金牛座遇上天蠍座

關鍵詞：同中有異。

同屬陰性，水土交融，互相欣賞；同樣固態，互爭主控權，會有麻煩。兩人都重視擁有，互有同感，但金牛座重視物質的擁有；天蠍座重視感情的擁有，觀念不同。

當金牛座遇上射手座

關鍵詞：普通。

性質完全不同，但火象和土象可相安無事

當金牛座遇上摩羯座
關鍵詞：好感。
同屬陰性，土象，務實的兩個人，互有好感。

當金牛座遇上水瓶座
關鍵詞：大麻煩。
同樣固態，互爭主控權，會有麻煩。金牛座無法忍受水瓶座的變革，水瓶座無法忍受金牛座的頑固。

當金牛座遇上雙魚座
關鍵詞：欣賞。
同屬陰性，水土交融，互相欣賞。雙魚座的溫柔和金牛座的穩定互相欣賞。

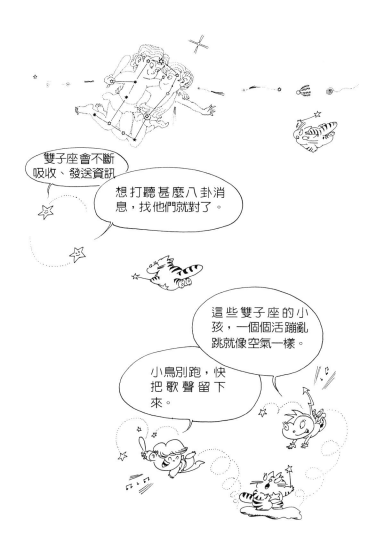

雙子座會不斷吸收、發送資訊

想打聽甚麼八卦消息，找他們就對了。

這些雙子座的小孩，一個個活蹦亂跳就像空氣一樣。

小鳥別跑，快把歌聲留下來。

II 雙子座：陽性，氣態，風象

當雙子座遇上牡羊座
關鍵詞：欣賞。
同屬陽性，都主動開朗，火象的活力和風象的動感，風風火火，互相欣賞。

當雙子座遇上金牛座
關鍵詞：小麻煩。
性質完全不同，風象和土象，風吹土揚，會有麻煩。金牛座不喜歡雙子座的善變，雙子座不喜歡金牛座的頑固。

當雙子座遇上雙子座
關鍵詞：默契。
性質全部相同，像照鏡子，互有默契。

當雙子座遇上巨蟹座
關鍵詞：普通。
性質不同，但風象和水象，可相安無事。

當雙子座遇上獅子座

關鍵詞：欣賞。

同屬陽性，都主動開朗，火象的活力和風象的動感，風風火火，互相欣賞。

當雙子座遇上處女座
關鍵詞：大麻煩。

同樣氣態，互相推諉，會有麻煩。雙子座無法忍受處女座的挑剔，處女座無法忍受雙子座的隨便。

當雙子座遇上天秤座
關鍵詞：好感。

同樣風象，都比較活潑講理，互有好感。

當雙子座遇上天蠍座
關鍵詞：普通。

性質不同，但風象和水象，可相安無事。

當雙子座遇上射手座
關鍵詞：同中有異。

同屬陽性，風風火火，互相欣賞；同樣氣態，互相推諉，會有

麻煩。兩人都重視自由，互有同感，但雙子座重視精神的自由，射手座重視形體的自由，觀念不同。

當雙子座遇上摩羯座
關鍵詞：小麻煩。
性質完全不同，風象和土象，風吹土揚，會有麻煩。雙子座不喜歡摩羯座嚴肅的態度，摩羯座不喜歡雙子座輕浮的作風。

當雙子座遇上水瓶座
關鍵詞：好感。
同樣風象，都比較活潑講理，互有好感。

當雙子座遇上雙魚座
關鍵詞：大麻煩。
同樣氣態，互相推諉，會有麻煩。雙子座無法忍受雙魚座的缺乏理性，雙魚座無法忍受雙子座的不解風情。

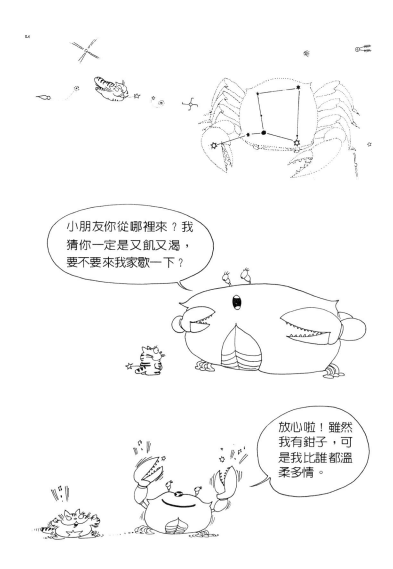

巨蟹座：陰性，液態，水象。

當巨蟹座遇上牡羊座
關鍵詞：大麻煩。
同樣液態，都很有擴散力，互爭主導權，會有麻煩。牡羊座無
法忍受巨蟹座的情緒化和黏人，巨蟹座無法忍受牡羊座的衝動
和不受拘束。

當巨蟹座遇上金牛座
關鍵詞：欣賞。
同屬陰性，水土交融，互相欣賞。巨蟹座的母性和金牛座的穩
定互相欣賞。

當巨蟹座遇上雙子座
關鍵詞：普通。
性質不同，但風象和水象，可相安無事。

當巨蟹座遇上巨蟹座
關鍵詞：默契。
性質全部相同，像照鏡子，互有默契。

當巨蟹座遇上獅子座

關鍵詞：小麻煩。

性質完全不同，火象和水象，水火不容，會有麻煩。巨蟹座不喜歡獅子座的霸氣，獅子座不喜歡巨蟹座的情緒化。

當巨蟹座遇上處女座

關鍵詞：欣賞。

同屬陰性，水土交融，互相欣賞。巨蟹座的母性和處女座的細心互相欣賞。

當巨蟹座遇上天秤座

關鍵詞：大麻煩。

同樣液態，都很有擴散力，互爭主導權，會有麻煩。巨蟹座無法忍受天秤座四海之內皆兄弟，君子之交淡如水的作風，天秤座無法忍受巨蟹座的深情束縛。

當巨蟹座遇上天蠍座

關鍵詞：好感。

同樣水象，多情敏感的兩個人，互有好感。

當巨蟹座遇上射手座

關鍵詞：小麻煩。

性質完全不同，火象和水象，水火不容，會有麻煩。巨蟹座不喜歡射手座的不受拘束，射手座不喜歡巨蟹座的黏人。

當巨蟹座遇上摩羯座

關鍵詞：同中有異。

同屬陰性，水土交融，互相欣賞。同樣液態，互爭主導權，會有麻煩。兩人都重視領域，互有同感，但巨蟹座講究感情，摩羯座注重實際，觀念不同。

當巨蟹座遇上水瓶座

關鍵詞：普通。

性質不同，但風象和水象，可相安無事。

當巨蟹座遇上雙魚座

關鍵詞：好感。

同樣水象，多情敏感的兩個人，互有好感。

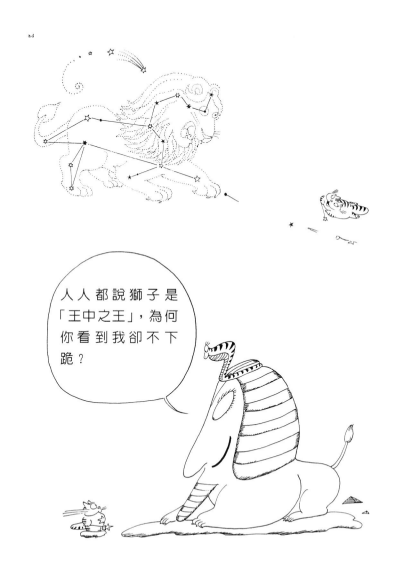

♌ 獅子座：陽性，固態，火象

當獅子座遇上牡羊座
關鍵詞：好感。
同屬陽性，火象，活動力強的兩個人，互有好感。

當獅子座遇上金牛座
關鍵詞：大麻煩。
同樣固態，互爭主控權，會有麻煩。金牛座無法忍受獅子座的
霸氣，獅子座無法忍受金牛座的頑固。

當獅子座遇上雙子座
關鍵詞：欣賞。
同屬陽性，都主動開朗，火象的活力和風象的動感，風風火
火，互相欣賞。

當獅子座遇上巨蟹座
關鍵詞：小麻煩。
性質完全不同，火象和水象，水火不容，會有麻煩。巨蟹座不
喜歡獅子座的霸氣，獅子座不喜歡巨蟹座的情緒化。
當獅子座遇上獅子座

關鍵詞：默契。

性質全部相同，像照鏡子，互有默契。

當獅子座遇上處女座

關鍵詞：普通。

性質完全不同，但火象和土象可相安無事。

當獅子座遇上天秤座

關鍵詞：欣賞。

同屬陽性，都主動開朗，火象的活力和風象的動感，風風火火，互相欣賞。

當獅子座遇上天蠍座

關鍵詞：大麻煩。

同樣固態，互爭主控權，會有麻煩。獅子座無法忍受天蠍座的頑強，天蠍座無法忍受獅子座的霸氣。

當獅子座遇上射手座

關鍵詞：好感。

同屬陽性，火象，活動力強的兩個人，互有好感。

當獅子座遇上摩羯座

關鍵詞：普通。

性質完全不同，但火象和土象可相安無事。

當獅子座遇上水瓶座

關鍵詞：同中有異。

同屬陽性，風風火火，互相欣賞。同樣固態，互爭主控權，會有麻煩；兩人都喜歡創新，互有同感，但獅子座重視自我的表現，水瓶座重視挑戰傳統，觀念不同。

當獅子座遇上雙魚座

關鍵詞：小麻煩。

性質完全不同，火象和水象，水火不容，會有麻煩。獅子座不喜歡雙魚座的多愁善感，雙魚座不喜歡獅子座的霸氣。

人家不要，下面有泥土，一著地腳就髒了，你上來玩嘛！

嗨！下來玩嘛！

♍ 處女座：陰性，氣態，土象

當處女座遇上牡羊座
關鍵詞：普通。
性質完全不同，但火象和土象可相安無事。

當處女座遇上金牛座
關鍵詞：好感。
同屬陰性，土象，務實的兩個人，互有好感。

當處女座遇上雙子座
關鍵詞：大麻煩。
同樣氣態，互相推諉，會有麻煩。雙子座無法忍受處女座的挑剔，處女座無法忍受雙子座的隨便。

當處女座遇上巨蟹座
關鍵詞：欣賞。
同屬陰性，水土交融，互相欣賞。巨蟹座的母性和處女座的穩定互相欣賞。

當處女座遇上獅子座

關鍵詞：普通。

性質完全不同，但火象和土象可相安無事。

當處女座遇上處女座

關鍵詞：默契。

性質全部相同，像照鏡子，互有默契。

當處女座遇上天秤座

關鍵詞：小麻煩。

性質完全不同，風象和土象，風吹土揚，會有麻煩。處女座不喜歡天秤座的搖擺，天秤座不喜歡處女座的鑽牛角尖。

當處女座遇上天蠍座

關鍵詞：欣賞。

同屬陰性，水土交融，互相欣賞。處女座的細膩和天蠍座的敏銳互相欣賞。

當處女座遇上射手座

關鍵詞：大麻煩。

同樣氣態，互相推諉，會有麻煩。處女座無法忍受射手座的隨

便，射手座無法忍受處女座的龜毛。

當處女座遇上摩羯座
關鍵詞：好感。
同屬陰性，土象，務實的兩個人，互有好感。

當處女座遇上水瓶座
關鍵詞：小麻煩。
性質完全不同，風象和土象，風吹土揚，會有麻煩。處女座不喜歡水瓶座的天馬行空，水瓶座不喜歡處女座的鑽牛角尖。

當處女座遇上雙魚座
關鍵詞：同中有異。
同屬陰性，水土交融，互相欣賞。同樣氣態，互相推諉，會有麻煩。兩人都有奉獻精神，互有同感，但處女座因為要求完美而奉獻，雙魚座因為善良而奉獻，觀念不同。

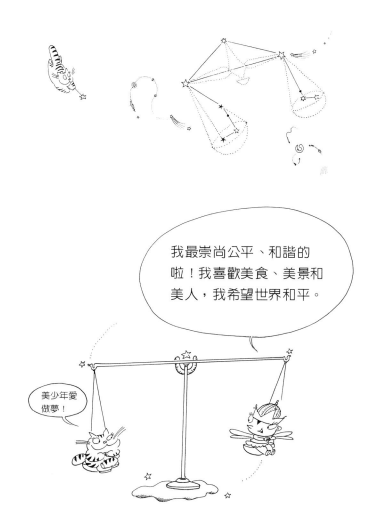

☰ 天秤座：陽性，液態，風象

當天秤座遇上牡羊座
關鍵詞：同中有異。
同屬陽性，風風火火，互相欣賞。同樣液態，互爭主導權，會有麻煩。兩人都重視形象，互有同感，但牡羊座重視自我的認同，天秤座重視他人的認同，觀念不同。

當天秤座遇上金牛座
關鍵詞：小麻煩。
性質完全不同，風象和土象，風吹土揚，會有麻煩。金牛座不喜歡雙子座的善變，雙子座不喜歡金牛座的頑固。

當天秤座遇上雙子座
關鍵詞：好感。
同樣風象，都比較活潑講理，互有好感。

當天秤座遇上巨蟹座
關鍵詞：大麻煩。
同樣液態，都很有擴散力，互爭主導權，會有麻煩。巨蟹座無

法忍受天秤座四海之內皆兄弟、君子之交淡如水的作風，天秤座無法忍受巨蟹座的深情束縛。

當天秤座遇上獅子座
關鍵詞：欣賞。
同屬陽性，都主動開朗，火象的活力和風象的動感，風風火火，互相欣賞。

當天秤座遇上處女座
關鍵詞：小麻煩。
性質完全不同，風象和土象，風吹土揚，會有麻煩。處女座不喜歡天秤座的搖擺，天秤座不喜歡處女座的鑽牛角尖。

當天秤座遇上天秤座
關鍵詞：默契。
性質全部相同，像照鏡子，互有默契。

當天秤座遇上天蠍座
關鍵詞：普通。
性質不同，但風象和水象，可相安無事。

當天秤座遇上射手座

關鍵詞：欣賞。

同屬陽性，都主動開朗，火象的活力和風象的動感，風風火火，互相欣賞。

當天秤座遇上摩羯座

關鍵詞：大麻煩。

同樣液態，都很有擴散力，互爭主導權，會有麻煩。天秤座無法忍受摩羯座的深沉冷酷，摩羯座無法忍受天秤座的迷失自我。

當天秤座遇上水瓶座

關鍵詞：好感。

同樣風象，都比較活潑講理，互有好感。

當天秤座遇上雙魚座

關鍵詞：普通。

性質不同，但風象和水象，可相安無事。

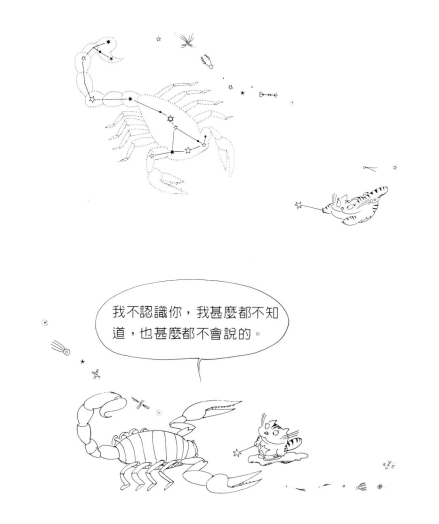

我不認識你，我甚麼都不知道，也甚麼都不會說的。

♏ 天蠍座：陰性，固態，水象

當天蠍座遇上牡羊座

關鍵詞：小麻煩。

性質完全不同，火象和水象，水火不容，會有麻煩。牡羊座不喜歡天蠍座的深沉，天蠍座不喜歡牡羊座的莽撞。

當天蠍座遇上金牛座

關鍵詞：同中有異。

同屬陰性，水土交融，互相欣賞。同樣固態，互爭主控權，會有麻煩。兩人都重視擁有，互有同感，但金牛座重視物質的擁有，天蠍座重視感情的擁有，觀念不同。

當天蠍座遇上雙子座

關鍵詞：普通。

性質不同，但風象和水象，可相安無事。

當天蠍座遇上巨蟹座

關鍵詞：好感。

同樣水象，多情敏感的兩個人，互有好感。

當天蠍座遇上獅子座

關鍵詞：大麻煩。

同樣固態，互爭主控權，會有麻煩。獅子座無法忍受天蠍座的頑強，天蠍座無法忍受獅子座的霸氣。

當天蠍座遇上處女座

關鍵詞：欣賞。

同屬陰性，水土交融，互相欣賞。巨蟹座的母性和處女座的細心互相欣賞。

當天蠍座遇上天秤座

關鍵詞：普通。

性質不同，但風象和水象，可相安無事。

當天蠍座遇上天蠍座

關鍵詞：默契。

性質全部相同，像照鏡子，互有默契。

當天蠍座遇上射手座

關鍵詞：小麻煩。

性質完全不同，火象和水象，水火不容，會有麻煩。天蠍座不喜歡射手座的不受拘束，射手座不喜歡天蠍座的黏人。

當天蠍座遇上摩羯座

關鍵詞：欣賞。

同屬陰性，水土交融，互相欣賞。天蠍座的冷靜和摩羯座的沉穩互相欣賞。

當天蠍座遇上水瓶座

關鍵詞：大麻煩。

同樣固態，互爭土控權，會有麻煩。天蠍座無法忍受水瓶座的博愛和自由，水瓶座無法忍受天蠍座的深情束縛。

當天蠍座遇上雙魚座

關鍵詞：好感。

同樣水象，多情敏感的兩個人，互有好感。

射手座：陽性，氣態，火象

當射手座遇上牡羊座
關鍵詞：好感。
同屬陽性，火象，活動力強的兩個人，互有好感。

當射手座遇上金牛座
關鍵詞：普通。
性質完全不同，但火象和土象可相安無事。

當射手座遇上雙子座
關鍵詞：同中有異。
同屬陽性，風風火火，互相欣賞；同樣氣態，互相推諉，會有
麻煩。兩人都重視自由，互有同感，但雙子座重視精神的自
由，射手座重視形體的自由，觀念不同。

當射手座遇上巨蟹座
關鍵詞：小麻煩。
性質完全不同，火象和水象，水火不容，會有麻煩。巨蟹座不
喜歡射手座的不受拘束，射手座不喜歡巨蟹座的黏人。

當射手座遇上獅子座

關鍵詞：好感。

同屬陽性，火象，活動力強的兩個人，互有好感。

當射手座遇上處女座

關鍵詞：大麻煩。

同樣氣態，互相推諉，會有麻煩。處女座無法忍受射手座的隨便，射手座無法忍受處女座的龜毛。

當射手座遇上天秤座

關鍵詞：欣賞。

同屬陽性，都主動開朗，火象的活力和風象的動感，風風火火，互相欣賞。

當射手座遇上天蠍座

關鍵詞：小麻煩。

性質完全不同，火象和水象，水火不容，會有麻煩。天蠍座不喜歡射手座的不受拘束，射手座不喜歡天蠍座的黏人。

當射手座遇上射手座

關鍵詞：默契。

性質全部相同，像照鏡子，互有默契。

當射手座遇上摩羯座

關鍵詞：普通。

性質完全不同，但火象和土象可相安無事。

當射手座遇上水瓶座

關鍵詞：欣賞。

同屬陽性，都主動開朗，火象的活力和風象的動感，風風火火，互相欣賞。

當射手座遇上雙魚座

關鍵詞：大麻煩。

同樣氣態，互相推諉，會有麻煩。射手座無法忍受雙魚座的多愁善感，雙魚座無法忍受射手座的粗枝大葉。

甚麼？你想找我做銀行經理？真是愛說笑了，雖然我愛數鈔票，卻不愛領導眾人一起數鈔票。

♑ 摩羯座：陰性，液態，土象

當摩羯座遇上牡羊座
關鍵詞：大麻煩。
同樣液態，都很有擴散力，互爭主導權，會有麻煩。牡羊座無法忍受摩羯座沉默是金的態度，摩羯座無法忍受牡羊座急躁輕率的作風。

當摩羯座遇上金牛座
關鍵詞：好感。
同屬陰性，土象，務實的兩個人，互有好感。

當摩羯座遇上雙子座
關鍵詞：小麻煩。
性質完全不同，風象和土象，風吹土揚，會有麻煩。雙子座不喜歡摩羯座嚴肅的態度，摩羯座不喜歡雙子座輕浮的作風。

當摩羯座遇上巨蟹座
關鍵詞：同中有異。
同屬陰性，水土交融，互相欣賞。同樣液態，互爭主導權，會

有麻煩。兩人都重視領域，互有同感，但巨蟹座講究感情，摩羯座注重實際，觀念不同。

當摩羯座遇上獅子座
關鍵詞：普通。
性質完全不同，但火象和土象可相安無事。

當摩羯座遇上處女座
關鍵詞：好感。
同屬陰性，土象，務實的兩個人，互有好感。

當摩羯座遇上天秤座
關鍵詞：大麻煩。
同樣液態，都很有擴散力，互爭主導權，會有麻煩。天秤座無法忍受摩羯座的深沉冷酷，摩羯座無法忍受天秤座的迷失自我。

當摩羯座遇上天蠍座
關鍵詞：欣賞。
同屬陰性，水土交融，互相欣賞。天蠍座的冷靜和摩羯座的沉穩互相欣賞。

當摩羯座遇上射手座

關鍵詞:普通。

性質完全不同,但火象和土象可相安無事。

當摩羯座遇上摩羯座

關鍵詞:默契。

性質全部相同,像照鏡子,互有默契。

當摩羯座遇上水瓶座

關鍵詞:小麻煩。

性質完全不同,風象和土象,風吹土揚,會有麻煩。摩羯座不喜歡水瓶座挑戰傳統的開放作風,水瓶座不喜歡摩羯座墨守成規的保守作風。

當摩羯座遇上雙魚座

關鍵詞:欣賞。

同屬陰性,水土交融,互相欣賞。雙魚座的溫柔和摩羯座的內斂互相欣賞。

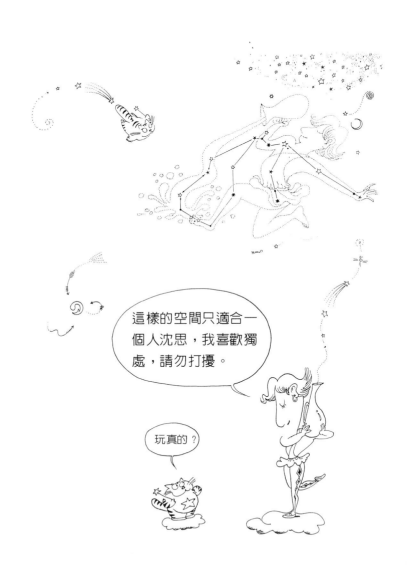

這樣的空間只適合一個人沈思，我喜歡獨處，請勿打擾。

玩真的？

水瓶座：陽性，固態，風象

當水瓶座遇上牡羊座
關鍵詞：欣賞。
同屬陽性，都主動開朗，火象的活力和風象的動感，風風火火，互相欣賞。

當水瓶座遇上金牛座
關鍵詞：大麻煩。
同樣固態，互爭主控權，會有麻煩。金牛座無法忍受水瓶座的變革，水瓶座無法忍受金牛座的頑固。

當水瓶座遇上雙子座
關鍵詞：好感。
同樣風象，都比較活潑講理，互有好感。

當水瓶座遇上巨蟹座
關鍵詞：普通。
性質不同，但風象和水象，可相安無事。

當水瓶座遇上獅子座

關鍵詞：同中有異。

同屬陽性，風風火火，互相欣賞。同樣固態，互爭主控權，會有麻煩。兩人都喜歡創新，互有同感，但獅子座重視自我的表現，水瓶座重視挑戰傳統，觀念不同。

當水瓶座遇上處女座

關鍵詞：小麻煩。

性質完全不同，風象和土象，風吹土揚，會有麻煩。處女座不喜歡水瓶座的天馬行空，水瓶座不喜歡處女座的鑽牛角尖。

當水瓶座遇上天秤座

關鍵詞：好感。

同樣風象，都比較活潑講理，互有好感。

當水瓶座遇上天蠍座

關鍵詞：大麻煩。

同樣固態，互爭主控權，會有麻煩。天蠍座無法忍受水瓶座的博愛和自由，水瓶座無法忍受天蠍座的深情束縛。

當水瓶座遇上射手座

關鍵詞：欣賞。

同屬陽性，都主動開朗，火象的活力和風象的動感，
風風火火，互相欣賞

當水瓶座遇上摩羯座
關鍵詞：小麻煩。
性質完全不同，風象和土象，風吹土揚，會有麻煩。摩羯座不
喜歡水瓶座挑戰傳統的開放作風，水瓶座不喜歡摩羯座墨守成
規的保守作風。

當水瓶座遇上水瓶座
關鍵詞：默契。
性質全部相同，像照鏡子，互有默契。

當水瓶座遇上雙魚座
關鍵詞：普通。
性質不同，但風象和水象，可相安無事。

咦？他們要去哪裡呢？該不會是我的白馬王子來了吧？
你真的可以帶我們去那個飄著花瓣的美麗池塘嗎？
只是個小水塘啦。

♓ 雙魚座：陰性，氣態，水象

當雙魚座遇上牡羊座
關鍵詞：小麻煩。
性質完全不同，火象和水象，水火不容，會有麻煩。牡羊座不喜歡雙魚座的多愁善感，雙魚座不喜歡牡羊座的莽撞。

當雙魚座遇上金牛座
關鍵詞：欣賞。
同屬陰性，水土交融，互相欣賞。雙魚座的溫柔和金牛座的穩定互相欣賞。

當雙魚座遇上雙子座
關鍵詞：大麻煩。
同樣氣態，互相推諉，會有麻煩。雙子座無法忍受雙魚座的缺乏理性，雙魚座無法忍受雙子座的不解風情。

當雙魚座遇上巨蟹座
關鍵詞：好感。
同樣水象，多情敏感的兩個人，互有好感。

當雙魚座遇上獅子座
關鍵詞：小麻煩。
性質完全不同，火象和水象，水火不容，會有麻煩。獅子座不喜歡雙魚座的多愁善感，雙魚座不喜歡獅子座的霸氣。

當雙魚座遇上處女座
關鍵詞：同中有異。
同屬陰性，水土交融，互相欣賞。同樣氣態，互相推諉，會有麻煩。兩人都有奉獻精神，互有同感，但處女座因為要求完美而奉獻，雙魚座因為善良而奉獻，觀念不同。

當雙魚座遇上天秤座
關鍵詞：普通。
性質不同，但風象和水象，可相安無事。

當雙魚座遇上天蠍座
關鍵詞：好感。
同樣水象，多情敏感的兩個人，互有好感。

當雙魚座遇上射手座
關鍵詞：大麻煩。
同樣氣態，互相推諉，會有麻煩。射手座無法忍受雙魚座的多

愁善感，雙魚座無法忍受射手座的粗枝大葉。

當雙魚座遇上摩羯座
關鍵詞：欣賞。
同屬陰性，水土交融，互相欣賞。雙魚座的柔和和摩羯座的內
斂互相欣賞。

當雙魚座遇上水瓶座
關鍵詞：普通。
性質不同，但風象和水象，可相安無事。

當雙魚座遇上雙魚座
關鍵詞：默契。
性質全部相同，像照鏡子，互有默契。

第四節　星座速配指數

　　為了方便讀者比較速配的相對關係，特別設定星座速配指數如下：

融洽指數：星座之間融洽相處的百分比，同質性越高融洽指數越高。

互補指數：異質性越高互補指數越高。

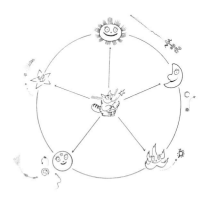

	融洽指數	互補指數
默契	100	10
好感	100	20
欣賞	90	40
同中有異	80	70
普通	70	70
小麻煩	50	80
大麻煩	20	100

第三章　　五星星座

第一節　何謂五星星座

當你了解12星座的特性後，或許會發現有些人的太陽星座是雙魚座，個性卻一點都不像雙魚座。或者同樣是牡羊座的兩個人，個性卻不太一樣。那是因為影響個性的星體不只是太陽而已，人還會呈現其他星體星座的性格。

例如：王菲，張惠妹、孫燕姿三人的太陽星座都是獅子座，三人都有獅子座天生大明星的氣派，但個性就是不太相同。王菲和張惠妹都有巨蟹座溫柔的特性，十足的女人味。但王菲因為有處女座和射手座的特性，比較挑剔、講話直率、容易得罪人。張惠妹獅子座的比重較高，讓人覺得比較狂野。孫燕姿因有處女座所以流露清純玉女的感覺，但又有雙魚座，所以就別有浪漫善良、楚楚可憐的味道。

	王菲	張惠妹	孫燕姿
太陽星座	獅子座	獅子座	獅子座
月亮星座	雙子座	獅子座	雙魚座
水星星座	處女座	獅子座	獅子座
金星星座	巨蟹座	巨蟹座	處女座
火星星座	射手座	獅子座	處女座

第二節　五星星座的意義

　　人的個性可細分成五個元素：理性，感性，知性，柔性和剛性，分別和太陽，月亮，水星，金星和火星的星座有密切的關聯。

太陽星座掌管理性

月亮星座掌管感性

水星星座掌管知性

金星星座掌管柔性

火星星座掌管剛性

　　例如：麥可傑克森的太陽星座是處女座，因此理性是務實完美；月亮星座是雙魚座，因此感性是多情浪漫；水星星座是獅子座，因此知性是熱烈誇張；金星星座是獅子座，因此柔性是熱烈誇張；火星星座是金牛座，因此剛性是務實穩定；所以從麥可傑克森的表演中你不難發現他有處女座要求完美，獅子座熱烈威風，雙魚座想像力豐富和金牛座務實穩定的特性。

第三節　何謂個性元素

在日常生活中表現較多的是理性。

但當感動時或有感而發時就會出現感性。

與人溝通，表達意見，學習或思考時就運用到知性。

表現溫柔時，或放輕鬆享受時，柔性就出現了。

生氣，堅持或拒絕他人時就有剛性的表現。

個性元素會單獨出現或以綜合型態出現，例如：當談判時是運用知性，有時會以理性來達成雙贏，有時發揮感性來動之以情，有時以柔性來軟化對方，有時以剛性來迫使對方屈服。

教育主要是教導你掌握個性元素的運用時機，例如與人相處時多用柔性少用剛性。要達成目標時多用剛性少用柔性。

從前的舊社會要求女性三從四德，就是要求對父對夫不能使用剛性，而把剛性用在得到貞潔牌坊的獎勵上。女權運動就是在爭取女性自由使用理性和剛性的權利。

第四節　星座和五星的關係

　　星座好比廚師，五星好比味道，而五星星座就好比烹調出來的菜餚。例如假設火星掌管的剛性是辣味，則：

　　獅子座可能推出又麻又辣的麻辣火鍋。

　　魔羯座可能推出中辣但辣味持久的宮保雞丁。

　　水瓶座可能推出微辣可口的麻婆豆腐。

　　雙魚座可能只在清蒸魚上灑幾顆辣椒末點綴。

第五節　五星星座比重

理性是由太陽掌管，太陽光最強，比重最大。

感性是由月亮掌管，月亮最接近地球，比重其次。

男性出生後即被要求要講理，要有男子氣概，理性和剛性要加重。

女性出生後即被教育成要重感情，要溫柔，感性和柔性要加重。

為了讓讀者能理解五星星座的速配方法，現將每個人的五星基本分條列如下：

太陽星座：**理性**　**基本分** 30 分

月亮星座：**感性**　**基本分** 20 分

水星星座：**知性**　**基本分** 10 分

金星星座：**柔性**　**基本分** 10 分

火星星座：**剛性**　**基本分** 10 分

因為男性的理性和剛性要加重，因此太陽與火星要加分：

太陽星座：理性　加10分

火星星座：剛性　加10分

因為女性的感性和柔性要加重，因此月亮和金星要加分：

月亮星座：感性　加10分

金星星座：柔性　加10分

結果：

	男	女
太陽星座：理性	40分	30分
月亮星座：感性	20分	30分
水星星座：知性	10分	10分
金星星座：柔性	10分	20分
火星星座：剛性	20分	10分
合計：	100分	100分

所以男性五星星座的比重為：太陽星座40%，月亮星座20%，水星星座10%，金星星座10%，火星星座20%。

女性五星星座的比重為：太陽星座30%，月亮星座30%，水星星座10%，金星星座20%，火星星座10%。

第四章　　五星速配

第一節　太陽星座速配與五星速配

以美國前總統柯林頓和希拉蕊為例，如果只考慮太陽星座，則：

柯林頓，太陽星座：獅子座。
希拉蕊，太陽星座：天蠍座。

太陽星座的速配情況：同屬固態，互爭主控權，會有麻煩。獅子無法忍受天蠍的頑強，天蠍無法忍受獅子的霸氣。

若依五星星座理論，我們得先查出這對夫妻的五星星座：

五星＼柯希	柯林頓	希拉蕊
太陽星座	獅子座	天蠍座
月亮星座	金牛座	雙魚座
水星星座	獅子座	天蠍座
金星星座	天秤座	天蠍座
火星星座	天秤座	獅子座

由本書第二章第三節中（p57～p103）所列之星座關鍵詞可以查出兩人的五星星座速配狀況：

柯＼希	天蠍座	雙魚座	獅子座
獅子座	大麻煩	小麻煩	默契
金牛座	同中有異	欣賞	大麻煩
天秤座	普通	普通	欣賞

從柯林頓和希拉蕊的五星星座速配狀況可做如下的解析：

默契：
獅子座 V.S 獅子座
性質全部相同，像照鏡子，互有默契。

欣賞：
金牛座 V.S 雙魚座
同屬陰性，水土交融，互相欣賞。雙魚座的溫柔和金牛座的穩定互相欣賞。
天秤座 V.S 獅子座
同屬陽性，都主動開朗，火象的活力和風象的動感，風風火火，互相欣賞。

同中有異：

金牛座 V.S 天蠍座

　　同屬陰性，水土交融，互相欣賞。同樣固態，互爭主控權，會有麻煩。兩人都重視擁有，互有同感，但金牛座重視物質的擁有，天蠍座重視感情的擁有，觀念不同。

普通：

天秤座 V.S 天蠍座

　　性質不同，但風象和水象，可相安無事。

天秤座 V.S 雙魚座

　　性質不同，但風象和水象，可相安無事。

小麻煩：

獅子座 V.S 巨蟹座

　　性質完全不同，火象和水象，水火不容，會有麻煩。巨蟹座不喜歡獅子座的霸氣，獅子座不喜歡巨蟹座的情緒化。

獅子座 V.S 雙魚座

　　性質完全不同，火象和水象，水火不容，會有麻煩。獅子座不喜歡雙魚座的多愁善感，雙魚座不喜歡獅子座的霸氣。

大麻煩：

獅子座 V.S 天蠍座

　　同樣固態，互爭主控權，會有麻煩。獅子座無法忍受天蠍座的頑強，天蠍座無法忍受獅子座的霸氣。

金牛座 V.S 獅子座

　　同樣固態，互爭主控權，會有麻煩。金牛座無法忍受獅子座的霸氣，獅子座無法忍受金牛座的頑固。

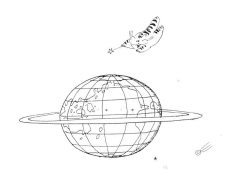

【星座相對論Q&A】

Q.12 星座中甚麼星座的脾氣最可觀？

★火象星座三劍客。

★牡羊座是火象，液態。像岩漿，燃燒起來既紅又熱，又會延燒。

★獅子座是火象，固態。像火山，爆發起來驚天動地。

★射手座是火象，氣態。像瓦斯，爆炸起來毫無預警，來的急去的快。

星座相對論
和我最速配

應用篇

第一章　五星星座個性特質

第一節　喜歡的女性

12星座中各星座喜歡的女性類別為：

牡羊座　喜歡積極主動，坦率天真的女性。
金牛座　喜歡溫柔美麗，保守賢慧的女性。
雙子座　喜歡聰明靈活，活潑知性的女性。
巨蟹座　喜歡溫柔體貼，多情顧家的女性。
獅子座　喜歡亮麗出眾，氣質高貴的女性。
處女座　喜歡純潔羞澀，秀外慧中的女性。
天秤座　喜歡優雅大方，親切迷人的女性。
天蠍座　喜歡有點冷，有點神秘，透著性感的女性。
射手座　喜歡熱情洋溢，不拘小節的女性。
摩羯座　認真的女人最美麗。
水瓶座　喜歡聰明自立，個性獨特的女性。
雙魚座　喜歡溫柔浪漫，多愁善感的女性。

　　帥哥布萊德比特的五星星座：太陽在射手座、月亮在天蠍座、水星在射手座、金星在水瓶座、火星在摩羯座。

　　所以熱情大方，冷酷性感，聰明獨立，認真上進的女性都有可能得到布萊德比特的歡心。

第二節　喜歡的男性

　　12星座中各星座喜歡的男性類別爲：

牡羊座　喜歡積極進取，鬥志旺盛的男性。

金牛座　喜歡溫文儒雅，忠厚老實的男性。

雙子座　喜歡博學多聞，幽默風趣的男性。

巨蟹座　喜歡溫柔體貼，愛家顧家的男性。

獅子座　喜歡熱情慷慨，尊貴威風的男性。

處女座　喜歡乾淨清爽，注重細節的男性。

天秤座　喜歡英俊瀟灑，風度翩翩的男性。

天蠍座　喜歡有點酷，有點神秘，透著性感的男性。

射手座　喜歡熱情豪爽，不拘小節的男性。

摩羯座　喜歡認眞負責，成熟堅強的男性。

水瓶座　喜歡特立獨行，風格獨特的男性。

雙魚座　喜歡多情浪漫，敏感善良的男性。

　　美麗女星深田恭子的五星星座：太陽在天蠍座、月亮在金牛座、水星在天秤座、金星在天蠍座、火星在摩羯座。

　　所以冷酷性感，溫文儒雅，瀟灑大方，認真負責的男性都有可能吸引深田恭子。

第三節　金錢觀

12星座的金錢觀分別爲：

牡羊座　錢是用來滿足自我成就感的。
　　　　　當用的時候就用，不必考慮太多。

金牛座　錢是用來過著安全而舒適的生活的。
　　　　　錢最好是存起來，不能浪費。

雙子座　錢不重要，資訊比較重要。
　　　　　錢是身外之物，不必太在乎。

巨蟹座　錢是用來建構溫馨家園的。
　　　　　錢最好是存起來，不能浪費。

獅子座　錢是用來滿足自我表現的。
　　　　　花錢不能太小氣，面子比較重要。

處女座　錢是用來追求完美的。
　　　　　錢有一定的價值，使用時要精打細算。

天秤座　錢是用來提高生活品位的。
　　　　　該花就花，不然生活有何樂趣。

天蠍座　錢是用來滿足欲望的。
　　　　　欲望比錢強時就該花。

射手座　錢是用來讓我自由自在的。
　　　　　只要喜歡有什麼不能花。

摩羯座　錢是用來提高社會地位的。

花錢要花在刀口上，不能浪費。

水瓶座 錢不重要，社會改革比較重要。

錢是身外之物，不必太在乎。

雙魚座 談錢太俗氣了，心靈生活比較重要。

錢是身外之物，不必太在乎。

世界首富比爾蓋茲的五星星座：太陽在天蠍座、月亮在牡羊座、水星在天秤座、金星在天蠍座、火星在天秤座。

所以比爾蓋茲會認為錢是用來滿足欲望，滿足自我的成就感和提高生活品味的。

第四節　飲食觀

12星座的飲食觀分別爲：

牡羊座　吃是爲了補充能量。

快就好，點菜快，吃得快，吃飽了就想快快離開。

金牛座　天生的美食主義者。

最懂得細嚼慢嚥，享受食物中的美味。

雙子座　喜歡通過吃來進行資訊的交流。

享受收集和傳播美食資訊的樂趣。

巨蟹座　吃可以穩定情緒，喜歡有溫馨的感覺。

懂得享受美味，也重視情感的交流。

獅子座　吃是一種享樂。

喜歡吃得豐盛豪華，經常點最貴的菜，不管請客的人臉色變不變。

處女座　吃是爲了健康養生。

注重飲食的乾淨衛生。

天秤座　吃是生活中不可或缺的樂趣。

重視飲食的美感和社交功能。

天蠍座　吃是一種欲望的滿足。

透過飲食來紓解壓力和發洩情感。

射手座　吃是一件有趣的事。

不拘小節，不挑食，不需精雕細琢，吃得爽快就好。

摩羯座　吃是為了保持向目標邁進的體力。
　　　　　實際簡樸，營養足夠即可。
水瓶座　吃是一件平凡的事，最好能開發出新的創意。
　　　　　在飲食習慣上我行我素，特立獨行。
雙魚座　吃是一件浪漫的事。
　　　　　喜歡透過飲食來暫時脫離現實，充實心靈。

　　國際巨星成龍的五星星座：太陽在牡羊座、月亮在雙子座、水星在雙魚座、金星在金牛座、火星在射手座。

　　所以成龍忙的時候會吃的很快，很隨便，只要補充體力即可。休閒的時候會吃的很爽快，也喜歡吃的很細膩，很浪漫，也會喜歡新奇的食物。

第五節　戀愛觀

12星座對戀愛的享受分別為：

牡羊座　享受每一個階段達陣的成就感。

金牛座　享受過程中按部就班，細細品味的樂趣。

雙子座　享受心智的交流，讀你千遍也不厭倦的樂趣。

巨蟹座　享受過程中感情的交流，對方接受悉心照顧的樂趣。

獅子座　享受像舞臺上男女主角感覺的樂趣。

處女座　享受對方像接受品管後品質逐步改善的樂趣。

天秤座　享受像愛人，又像朋友，和其他朋友一起玩的樂趣。

天蠍座　享受過程中你儂我儂的樂趣。

射手座　享受像獵人捕獲獵物過程中的樂趣。

摩羯座　享受像愛人同志，分工合作達成目標的樂趣。

水瓶座　享受我們是與眾不同的一對的樂趣。

雙魚座　享受詩情畫意，風花雪月的樂趣。

影后張曼玉的五星星座：太陽在處女座、月亮在雙魚座、水星在處女座、金星在獅子座、火星在獅子座。

所以張曼玉會喜歡享受戀愛中尊貴、浪漫、完美的感覺。

第六節　決策模式

　　12星座的決策模式分別爲：

牡羊座　直觀果斷，只有結果，沒有過程，較能搶佔先機。

金牛座　用感官做決策，需要很長的醞釀過程，較少失誤。

雙子座　收集各方資訊，充分思考。

巨蟹座　跟著感覺走，敏感小心，避免傷感情。

獅子座　直觀豪快，只要顧全我的王者風格。

處女座　小心謹愼，深入分析。

天秤座　參考多方面意見，面面俱到，三思後行。

天蠍座　深思熟慮，謀定而動。

射手座　直觀變通，只要我高興，有什麼不可以。

摩羯座　深謀遠慮，老謀深算。

水瓶座　天馬行空，標新立異，常有創新改革之舉。

雙魚座　想像力豐富，常有意想不到的創意。

　　香港首富李嘉誠的五星星座：太陽在獅子座、月亮在射手座、水星在巨蟹座、金星在獅子座、火星在金牛座。

　　所以李嘉誠的基本決策模式是直觀豪快有王者風格，也會隨性變通，朝令夕改。但也有注重感情，仔細醞釀的時候。

第七節　領域觀

12星座的領域觀分別為：

牡羊座　沒有領域觀，但要有足夠自由的空間讓我揮灑。

金牛座　需要有一塊草地讓我安全舒適的倘佯。

雙子座　沒有領域觀，但要有自由的資訊空間讓我衝浪。

巨蟹座　給我一個家，我會把它經營的很溫馨。

獅子座　需要一個屬於我的王國，因為我天生就有王者之風。

處女座　不管任何領域，我希望它整齊、清潔、有秩序。

天秤座　不管任何領域，我希望它公平和諧。

天蠍座　要一個完全屬於我的領域，臥榻之旁不許他人安睡。

射手座　只要有足夠自由的空間讓我馳騁即可。

摩羯座　我是天生的治國之才，給我一塊領域，我會讓它富強。

水瓶座　領域不是重點，我希望改造社會。

雙魚座　世事如夢，心靈的昇華才是重要的。

　　世界首富比爾蓋茲的五星星座：太陽在天蠍座、月亮在牡羊座、水星在天秤座、金星在天蠍座、火星在天秤座。

　　所以比爾蓋茲會先在一個足夠的空間自由揮灑，有所成之後就會覺得臥榻之旁豈容他人酣睡？更認為四海之內皆兄弟，大家應該和諧地使用他建立起來的標準。

第二章　　五星星座個性分析

第一節　全方位剖析溫莎公爵

溫莎公爵的五星星座：

　　太陽在巨蟹座、月亮在雙魚座、水星在巨蟹座、金星在金牛座、火星在牡羊座。

溫莎公爵的星座比重：

　　多情顧家的巨蟹座50%，溫柔浪漫的雙魚座20%，固執享福的金牛座10%，積極果斷的牡羊座20%。

戀愛觀：

　　喜歡溫柔體貼(巨蟹座)，浪漫夢幻(雙魚座)，熱情坦率(牡羊座)，美麗安詳的女性(金牛座)。
積極主動的追求(牡羊座)，並享受過程中的浪漫(雙魚座)和感官(金牛座)和感情(巨蟹座)的慢慢醞釀。

金錢觀：

　　認為錢是用來構建溫馨的家(巨蟹座)，安全舒適(金牛座)地過著浪漫(雙魚座)的生活，也是用來認同自我的(牡羊座)。

飲食觀：

　　擁有巨蟹，金牛兩大美食星座，所以懂得浪漫的（雙魚座）享受美食。

領域觀：

　　以溫馨的家為重點（巨蟹座），事業心不重。

決策模式：

　　會偏向選擇修身（牡羊座）（雙魚座）齊家（巨蟹座），下決定不會太優柔寡斷（牡羊座）且會相當固執（金牛座）。

　　所以不難看出他會選擇不愛江山愛美人。

第二節　全方位剖析松田聖子

松田聖子的五星星座：

　　太陽在雙魚座、月亮在金牛座、水星在水瓶座、金星在雙魚座、火星在水瓶座。

松田聖子的星座比重：

　　50%雙魚座，30%金牛座，20%水瓶座。

戀愛觀：

　　喜歡浪漫多情(雙魚座)，溫文儒雅(金牛座)，聰明獨立(水瓶座)的男性。喜歡浪漫夢幻(雙魚座)，慢工出細活(金牛座)的戀愛，且不在乎世俗的眼光(水瓶座)。

金錢觀：

　　頗重視金錢(金牛座)，但也會花得很浪漫(雙魚座)，用得很有個性(水瓶座)。

領域觀：

　　只要過得安全舒適(金牛座)即可。

飲食觀：

懂得享受美食(金牛座)和浪漫的氣氛(雙魚座)，也可能創造出獨特的飲食偏好(水瓶座)。

決策模式：

會緩慢醞釀(金牛座)，或跟著想像走(雙魚座)，或不按牌理出牌(水瓶座)。

第三章　　五星速配

第一節　伊莉莎白泰勒 VS 李察波頓

國際巨星伊莉莎白泰勒的五星星座：太陽在雙魚座、月亮在天蠍座、水星在雙魚座、金星在牡羊座、火星在雙魚座。

伊莉莎白泰勒有 50% 雙魚座，30% 天蠍座，20% 牡羊座。

男星李察波頓的五星星座：太陽在雙魚座、月亮在巨蟹座、水星在水瓶座、金星在金牛座、火星在牡羊座。

李察波頓有 40% 雙魚座，20% 巨蟹座，20% 牡羊座，10% 水瓶座，10% 金牛座。

伊莉莎白泰勒與李察波頓的五星速配：

泰勒＼波頓	雙魚座	巨蟹座	水瓶座	金牛座	牡羊座
雙魚座	默契	好感	普通	欣賞	小麻煩
天蠍座	好感	好感	大麻煩	同中有異	小麻煩
牡羊座	小麻煩	大麻煩	欣賞	普通	默契

從兩人的星座比重和速配指數可以算出：

速配融洽值：79　　　　速配互補值：44

兩人會有下述麻煩：

　　大麻煩：

牡羊座 V.S 巨蟹座　牡羊座要用活力主導時，巨蟹座要用感情主導。

　　小麻煩：

雙魚座 V.S 牡羊座　雙魚座覺得牡羊座暴躁，牡羊座覺得雙魚座黏人。

天蠍座 V.S 牡羊座　天蠍座要對牡羊座深情時，牡羊座覺得天蠍座黏人。

　　所以兩人互不相讓時就有麻煩。

　　但兩人的速配融洽值 79 算是蠻高的，因此會有離婚後發現還是兩人最易融洽相處，所以再度結婚並不為過。

第二節　柯林頓 V.S 希拉蕊

　　從前面的例子推算出：

柯林頓的星座比重為 50% 獅子座，20% 金牛座，30% 天秤座。

希拉蕊的星座比重為 60% 天蠍座，30% 雙魚座，10% 獅子座。

速配融洽值：55.5

速配互補值：75.4

　　雖然相處的不太融洽，但若能互相忍讓，發揮高的互補作用，也能當美國的總統和第一夫人。

第三節 謝霆鋒 V.S 王菲 V.S 張柏芝

五星＼謝王張	謝霆鋒	王菲	張柏芝
太陽	處女座	獅子座	雙子座
月亮	牡羊座	雙子座	處女座
水星	處女座	處女座	雙子座
金星	巨蟹座	巨蟹座	巨蟹座
火星	天秤座	射手座	處女座

　　謝霆鋒的星座比重為50%處女座，20%牡羊座，10%巨蟹座，20%天秤座。

　　王菲的星座比重為30%獅子座，30%雙子座，10%處女座，20%巨蟹座，10%射手座。

　　張柏芝的星座比重為40%雙子座，40%處女座，20%巨蟹座。

　　謝霆鋒和王菲
　　速配融洽值：63.3
　　速配互補值：63.7

謝霆鋒和張柏芝
　　速配融洽值：71.8
　　速配互補值：53

　　所以謝霆鋒和張柏芝相處會比和王菲相處爭執少些，和王
菲的互補作用大些。
　　非關八卦，僅供參考。

第四節 堂本光一 V.S 堂本剛

五星＼近畿小子	堂本光一	堂本剛
太陽	摩羯座	牡羊座
月亮	水瓶座	處女座
水星	射手座	雙魚座
金星	天蠍座	雙魚座
火星	摩羯座	牡羊座

　　堂本光一的星座比重爲 60% 魔羯座，20% 水瓶座，10% 射手座，10% 天蠍座。

　　堂本剛的星座比重爲 60% 牡羊座，20% 處女座，20% 雙魚座。

　　速配融洽值：59.2

　　速配互補值：65.2

　　近畿小子二人組，互補值頗高，對身爲搭檔的兩人，事業上頗有助益。

第五節　星座紙牌

　　為了方便讀者應用「星座速配」，明日工作室同時推出「星座魔法牌」，服務讀者。

　　我們以大眾熟悉的 12 星座，歸納整理出星座相對論，亦即研究人際間星座相對關係的理論，搭配更精準的五星速配，探究人出生時太陽、月亮、水星、金星、火星所在位置，由 100 張牌組成，對人造成先天性格上的影響，用簡單易懂的方式，幫助您瞭解周遭人們形形色色的個性。

　　100 張星座魔法牌，包括 12 張牌可以為彼此占卜的星牌，再以 5 星牌，更精確地計算性格與分析，加上 7 種默契度，完整的說明手冊，讓你很輕易地上手，並且很快地分析兩人的契合度，不管是情侶、夫妻、同事、朋友、家人…都能輕易地瞭解到雙方的關係度與應對，並提供貼心的建議，讓您的人際關係更得心應手，另外還有 25 張象徵牌，提供星座占卜，指點迷津。

　　詳情請參閱 http://www.tomor.com 網站。

【星座相對論Q&A】

Q.12 星座中甚麼星座
夠強悍？

★12星座中有四個星
座是王者星座，作風強
硬，自以為是，不易妥
協。

★牡羊座是眼中只有
自己，不管他人的孩子
王。

★獅子座是如假包換
的萬獸之王。

★天蠍座是冷酷神秘
的暗黑之王。

★摩羯座是默默的努
力，最後把大家踩在腳
下的萬王之王。

當一個女人同時擁有這
四個星座時，將成為超
級女強人。

星座相對論

和我最速配

附錄篇

附錄 1. 星座速配表

	牡羊	金牛	雙子	巨蟹	獅子	處女	天秤	天蠍	射手	摩羯	水瓶	雙魚
牡羊	⊕	—	○	✳	◎	—	θ	χ	◎	✳	○	χ
金牛	—	⊕	χ	○	✳	◎	χ	θ	—	◎	✳	○
雙子	○	χ	⊕	—	○	✳	◎	—	θ	χ	◎	✳
巨蟹	✳	○	—	⊕	χ	○	✳	◎	χ	θ	—	◎
獅子	◎	✳	○	χ	⊕	—	○	✳	◎	—	θ	χ
處女	—	◎	✳	○	—	⊕	χ	○	✳	◎	χ	θ
天秤	θ	χ	◎	✳	○	χ	⊕	—	○	✳	◎	—
天蠍	χ	θ	—	◎	✳	○	—	⊕	χ	○	✳	◎
射手	◎	—	θ	χ	◎	✳	○	χ	⊕	—	○	✳
摩羯	✳	◎	χ	θ	—	◎	✳	○	—	⊕	χ	○
水瓶	○	✳	◎	—	θ	χ	◎	✳	○	χ	⊕	—
雙魚	χ	○	✳	◎	χ	θ	—	◎	✳	○	—	⊕

	速配 融洽值	速配 互補值
⊕ 默契	100	10
◎ 好感	100	20
○ 欣賞	90	40
θ 同中有異	80	70
－ 普通	70	70
x 小麻煩	50	80
＊ 大麻煩	20	100

根據五星速配表，你可以算出自己和
親友的速配融洽值以及速配互補值，
可以作為人際往來的一個參考數值。

附錄 2. 五星速配計算法

例：C 小姐與 D 小姐是朋友，現在就來計算兩人的速配度。
C 小姐 1986 年 2 月 6 日生。
五星星座：（下面的數值請參看右頁表 1）

太陽	水瓶座	30	月亮	摩羯座	30
水星	水瓶座	10	金星	水瓶座	20
火星	射手座	10			

根據上述可以得知 C 小姐的五星中只有三種星座，水瓶、摩羯、射手。

C 小姐個性中星座比重：

太陽、水星、金星都在**水瓶座**；水瓶座明理革新，C 小姐的五星個性比重，水瓶為 30%+20%+10%=60%。

月亮在**摩羯座**，摩羯座務實上進，五星中個性比重佔 30%。

火星在**射手座**，射手座熱烈隨興，五星中個性比重佔 10%。

D 小姐 1986 年 12 月 26 日生。
五星星座：

太陽	摩羯座	30	月亮	雙子座	30
水星	射手座	10	金星	射手座	20
火星	天蠍座	10			

根據上述可以得知 D 小姐的五星中共有四種星座，摩羯、雙子、射手、天蠍。

D 小姐個性中星座比重：

太陽在**摩羯座**，摩羯座務實上進，五星中佔 30％。

月亮在**雙子座**，雙子座明理好奇，五星中個性比重佔 30％。

水星、金星在**射手座**，射手座熱烈隨興，五星中個性比重佔 30％。

火星在**天蠍座**，天蠍座多情頑強，五星中個性比重佔 10％。

男女五星之基本分與所佔之比重：

	五星基本分		五星星座比重	
太陽：理性	男 40 分	女 30 分	男 40%	女 30%
月亮：感性	男 20 分	女 30 分	男 20%	女 30%
水星：知性	男 10 分	女 10 分	男 10%	女 10%
金星：柔性	男 10 分	女 20 分	男 10%	女 20%
火星：剛性	男 20 分	女 10 分	男 20%	女 10%

※另外，因男性的理性和剛性要加重，因此太陽和火星要各加 10 分。而女性的感性和柔性要加重，因此月亮和金星要各加 10 分。

C小姐和D小姐之五星速配結果如下：

C \ D	30 % 摩羯座	30 % 雙子座	30 % 射手座	10 % 天蠍座
60 % 水瓶座	x	◎	○	✳
30 % 摩羯座	⊕	x	－	○
10 % 射手座	－	θ	⊕	x

速配分析如下：

⊕默契：**摩羯座** V.S **摩羯座**　30 % × 30 ％＝9 %
　　　　射手座 V.S **射手座**　10 % × 30 ％＝3 %
　　　　合計：默契度12 %

◎好感：**水瓶座** V.S **雙子座**　60 % × 30 ％＝18 %
　　　　合計：好感度18 %

○欣賞：**水瓶座** V.S **射手座**　60 % × 30 ％＝18 %
　　　　摩羯座 V.S **天蠍座**　30 % × 10 ％＝3 %
　　　　合計：欣賞度21 %

θ 同中有異：射手座 V.S 雙子座　10 % × 30 ％＝3 %
　　　　　　合計：同中有異度3 %

一 普通：**摩羯座 V.S 射手座**　　30 ％ × 30 ％ ＝ 9 ％

　　　　　　射手座 V.S 摩羯座　　10 ％ × 30 ％ ＝ 3 ％

　　　　合計：普通 12 ％

χ 小麻煩：**水瓶座 V.S 魔羯座**　　60 ％ × 30 ％ ＝ 18 ％

　　　　　　摩羯座 V.S 雙子座　　30 ％ × 30 ％ ＝ 9 ％

　　　　　　射手座 V.S 天蠍座　　10 ％ × 10 ％ ＝ 1 ％

　　　　合計：小麻煩 28 ％

＊ 大麻煩：**水瓶座 V.S 天蠍座**　　60 ％ × 10 ％ ＝ 6 ％

　　　　合計：大麻煩 6 ％

速配值計算：	速配融洽值		速配互補值	
⊕ 默契	12 ％	100 × 12 ％ ＝ 12.0	10 × 12 ％ ＝ 1.2	
◎ 好感	18 ％	100 × 18 ％ ＝ 18.0	20 × 18 ％ ＝ 3.6	
○ 欣賞	21 ％	90 × 21 ％ ＝ 18.9	40 × 21 ％ ＝ 8.4	
θ 同中有異	3 ％	80 × 3 ％ ＝ 2.4	70 × 3 ％ ＝ 2.1	
一 普通	12 ％	70 × 12 ％ ＝ 8.4	70 × 18 ％ ＝ 12.6	
χ 小麻煩	28 ％	50 × 28 ％ ＝ 14.0	80 × 28 ％ ＝ 22.4	
＊ 大麻煩	6 ％	20 × 6 ％ ＝ 1.2	100 × 6 ％ ＝ 6	
合　計	100 ％	74.9	56.3	

所以 C 小姐與 D 小姐之速配融洽值爲 74.9　　速配互補值爲 56.3

附錄3 星座速查表

　　附錄3爲五星星座速查表，爲了方便讀者使用，只要知道出生的年月日即可快速查到。不過正確的五星星座和一個人出生時的時間、地點（經緯度）都有關係，要精確地得到自己的五星星座可以到有公信力的占星網站查找，主要的入口網站像雅虎，新浪，微軟等都有提供此項服務。

　　當一個人出生時正處於兩個星座的臨界時，五星速配採取個性會同時受到兩個星座影響的觀點，不過?了避免讓應用變得太過複雜，還是只選擇一個星座推算。如果你覺得星座特性的感覺不對時，可試著用相鄰的星座，或兩個星座平分星座比重來推算，或許可得到比較適切的結果。

　　由於月亮星座的資料過於龐大，在本書只附由農曆生日和西曆生日推算的方法。

　　另外我們在空中書城網站http://www.tomor.com 提供了五星星座簡便的查找方法和五星速配的服務，歡迎參觀指教。

太陽星座對照表

牡羊座	3/21-4/20	金牛座	4/21-5/20	雙子座	5/21-6/20	巨蟹座	6/21-7/21
獅子座	7/22-8/21	處女座	8/22-9/21	天秤座	9/22-10/22	天蠍座	10/23-11/21
射手座	11/22-12/20	摩羯座	12/21-1/19	水瓶座	1/20-2/18	雙魚座	2/19-3/20

月亮星座表（農曆）

出生時間（農曆） \ 太陽星座	牡羊	金牛	雙子	巨蟹	獅子	處女	天秤	天蠍	射手	摩羯	水瓶	雙魚
初一 12:00～初二 17:29	牡羊	金牛	雙子	巨蟹	獅子	處女	天秤	天蠍	射手	摩羯	水瓶	雙魚
初二 17:30～初五 04:29	金牛	雙子	巨蟹	獅子	處女	天秤	天蠍	射手	摩羯	水瓶	雙魚	牡羊
初五 04:30～初七 15:29	雙子	巨蟹	獅子	處女	天秤	天蠍	射手	摩羯	水瓶	雙魚	牡羊	金牛
初七 15:30～初十 02:29	巨蟹	獅子	處女	天秤	天蠍	射手	摩羯	水瓶	雙魚	牡羊	金牛	雙子
初十 02:30～十二 13:29	獅子	處女	天秤	天蠍	射手	摩羯	水瓶	雙魚	牡羊	金牛	雙子	巨蟹
十二 13:30～十五 00:29	處女	天秤	天蠍	射手	摩羯	水瓶	雙魚	牡羊	金牛	雙子	巨蟹	獅子
十五 00:30～十七 11:29	天秤	天蠍	射手	摩羯	水瓶	雙魚	牡羊	金牛	雙子	巨蟹	獅子	處女
十七 11:30～十九 22:29	天蠍	射手	摩羯	水瓶	雙魚	牡羊	金牛	雙子	巨蟹	獅子	處女	天秤
十九 22:30～二十二 09:29	射手	摩羯	水瓶	雙魚	牡羊	金牛	雙子	巨蟹	獅子	處女	天秤	天蠍
二十二 09:30～二十四 20:29	摩羯	水瓶	雙魚	牡羊	金牛	雙子	巨蟹	獅子	處女	天秤	天蠍	射手
二十四 20:30～二十七 07:29	水瓶	雙魚	牡羊	金牛	雙子	巨蟹	獅子	處女	天秤	天蠍	射手	摩羯
二十七 07:30～二十九 18:29	雙魚	牡羊	金牛	雙子	巨蟹	獅子	處女	天秤	天蠍	射手	摩羯	水瓶
二十九 18:30～初一 11:59	牡羊	金牛	雙子	巨蟹	獅子	處女	天秤	天蠍	射手	摩羯	水瓶	雙魚

出生日	水星/星座	出生日	水星/星座
1930.1.2-1930.1.22	水瓶座	1930.1.23-1930.2.15	摩羯座
1930.2.16-1930.3.9	水瓶座	1930.3.10-1930.3.26	雙魚座
1930.3.27-1930.4.10	牡羊座	1930.4.11-1930.4.30	金牛座
1930.5.1-1930.5.16	雙子座	1930.5.17-1930.6.14	金牛座
1930.6.15-1930.7.4	雙子座	1930.7.5-1930.7.18	巨蟹座
1930.7.19-1930.8.3	獅子座	1930.8.4-1930.8.26	處女座
1930.8.27-1930.9.19	天秤座	1930.9.20-1930.10.10	處女座
1930.10.11-1930.10.29	天秤座	1930.10.30-1930.11.16	天蠍座
1930.11.17-1930.12.6	射手座	1930.12.7-1931.2.11	摩羯座
1931.2.12-1931.3.2	水瓶座	1931.3.3-1931.3.18	雙魚座
1931.3.19-1931.4.3	牡羊座	1931.4.4-1931.6.10	金牛座
1931.6.11-1931.6.26	雙子座	1931.6.27-1931.7.10	巨蟹座
1931.7.11-1931.7.28	獅子座	1931.7.29-1931.10.4	處女座
1931.10.5-1931.10.21	天秤座	1931.10.22-1931.11.9	天蠍座
1931.11.10-1931.12.1	射手座	1931.12.2-1931.12.19	摩羯座
1931.12.20-1932.1.14	射手座	1932.1.15-1932.2.4	摩羯座
1932.2.5-1932.2.22	水瓶座	1932.2.23-1932.3.9	雙魚座
1932.3.10-1932.5.15	牡羊座	1932.5.16-1932.6.2	金牛座
1932.6.3-1932.6.16	雙子座	1932.6.17-1932.7.1	巨蟹座
1932.7.2-1932.7.27	獅子座	1932.7.28-1932.8.9	處女座
1932.8.10-1932.9.8	獅子座	1932.9.9-1932.9.25	處女座
1932.9.26-1932.10.13	天秤座	1932.10.14-1932.11.2	天蠍座
1932.11.3-1933.1.7	射手座	1933.1.8-1933.1.27	摩羯座
1933.1.28-1933.2.13	水瓶座	1933.2.14-1933.3.2	雙魚座
1933.3.3-1933.3.25	牡羊座	1933.3.26-1933.4.17	雙魚座

出生日	水星/星座	出生日	水星/星座
1933.4.18-1933.5.9	牡羊座	1933.5.10-1933.5.25	金牛座
1933.5.26-1933.6.8	雙子座	1933.6.9-1933.6.26	巨蟹座
1933.6.27-1933.9.1	獅子座	1933.9.2-1933.9.17	處女座
1933.9.18-1933.10.6	天秤座	1933.10.7-1933.10.29	天蠍座
1933.10.30-1933.11.15	射手座	1933.11.16-1933.12.11	天蠍座
1933.12.12-1934.1.1	射手座	1934.1.2-1934.1.19	摩羯座
1934.1.20-1934.2.6	水瓶座	1934.2.7-1934.4.14	雙魚座
1934.4.15-1934.5.2	牡羊座	1934.5.3-1934.5.16	金牛座
1934.5.17-1934.5.31	雙子座	1934.6.1-1934.8.9	巨蟹座
1934.8.10-1934.8.24	獅子座	1934.8.25-1934.9.9	處女座
1934.9.10-1934.9.30	天秤座	1934.10.1-1934.12.5	天蠍座
1934.12.6-1934.12.25	射手座	1934.12.26-1935.1.12	摩羯座
1935.1.13-1935.1.31	水瓶座	1935.2.1-1935.2.14	雙魚座
1935.2.15-1935.3.18	水瓶座	1935.3.19-1935.4.8	雙魚座
1935.4.9-1935.4.24	牡羊座	1935.4.25-1935.5.8	金牛座
1935.5.9-1935.5.29	雙子座	1935.5.30-1935.6.20	巨蟹座
1935.6.21-1935.7.13	雙子座	1935.7.14-1935.8.1	巨蟹座
1935.8.2-1935.8.16	獅子座	1935.8.17-1935.9.2	處女座
1935.9.3-1935.9.28	天秤座	1935.9.29-1935.10.12	天蠍座
1935.10.13-1935.11.9	天秤座	1935.11.10-1935.11.28	天蠍座
1935.11.29-1935.12.17	射手座	1935.12.18-1936.1.5	摩羯座
1936.1.6-1936.3.12	水瓶座	1936.3.13-1936.3.30	雙魚座
1936.3.31-1936.4.14	牡羊座	1936.4.15-1936.4.30	金牛座
1936.5.1-1936.7.8	雙子座	1936.7.9-1936.7.23	巨蟹座
1936.7.24-1936.8.7	獅子座	1936.8.8-1936.8.27	處女座

出生日	水星/星座	出生日	水星/星座
1936.8.28-1936.11.1	天秤座	1936.11.2-1936.11.20	天蠍座
1936.11.21-1936.12.9	射手座	1936.12.10-1937.1.1	摩羯座
1937.1.2-1937.1.9	水瓶座	1937.1.10-1937.2.13	摩羯座
1937.2.14-1937.3.6	水瓶座	1937.3.7-1937.3.22	雙魚座
1937.3.23-1937.4.6	牡羊座	1937.4.7-1937.6.13	金牛座
1937.6.14-1937.6.30	雙子座	1937.7.1-1937.7.14	巨蟹座
1937.7.15-1937.7.31	獅子座	1937.8.1-1937.10.7	處女座
1937.10.8-1937.10.25	天秤座	1937.10.26-1937.11.13	天蠍座
1937.11.14-1937.12.3	射手座	1937.12.4-1938.1.6	摩羯座
1938.1.7-1938.1.12	射手座	1938.1.13-1938.2.8	摩羯座
1938.2.9-1938.2.26	水瓶座	1938.2.27-1938.3.14	雙魚座
1938.3.15-1938.4.1	牡羊座	1938.4.2-1938.4.23	金牛座
1938.4.24-1938.5.16	牡羊座	1938.5.17-1938.6.7	金牛座
1938.6.8-1938.6.22	雙子座	1938.6.23-1938.7.6	巨蟹座
1938.7.7-1938.7.26	獅子座	1938.7.27-1938.9.2	處女座
1938.9.3-1938.9.10	獅子座	1938.9.11-1938.9.30	處女座
1938.10.1-1938.10.18	天秤座	1938.10.19-1938.11.6	天蠍座
1938.11.7-1939.1.11	射手座	1939.1.12-1939.2.1	摩羯座
1939.2.2-1939.2.18	水瓶座	1939.2.19-1939.3.6	雙魚座
1939.3.7-1939.5.14	牡羊座	1939.5.15-1939.5.30	金牛座
1939.5.31-1939.6.13	雙子座	1939.6.14-1939.6.29	巨蟹座
1939.6.30-1939.9.6	獅子座	1939.9.7-1939.9.22	處女座
1939.9.23-1939.10.10	天秤座	1939.10.11-1939.10.31	天蠍座
1939.11.1-1939.12.2	射手座	1939.12.3-1939.12.13	天蠍座
1939.12.14-1940.1.5	射手座	1940.1.6-1940.1.24	摩羯座

出生日	水星/星座	出生日	水星/星座
1940.1.25-1940.2.11	水瓶座	1940.2.12-1940.3.3	雙魚座
1940.3.4-1940.3.7	牡羊座	1940.3.8-1940.4.16	雙魚座
1940.4.17-1940.5.6	牡羊座	1940.5.7-1940.5.21	金牛座
1940.5.22-1940.6.4	雙子座	1940.6.5-1940.6.26	巨蟹座
1940.6.27-1940.7.20	獅子座	1940.7.21-1940.8.11	巨蟹座
1940.8.12-1940.8.28	獅子座	1940.8.29-1940.9.13	處女座
1940.9.14-1940.10.3	天秤座	1940.10.4-1940.12.9	天蠍座
1940.12.10-1940.12.28	射手座	1940.12.29-1941.1.16	摩羯座
1941.1.17-1941.2.3	水瓶座	1941.2.4-1941.3.6	雙魚座
1941.3.7-1941.3.16	水瓶座	1941.3.17-1941.4.11	雙魚座
1941.4.12-1941.4.28	牡羊座	1941.4.29-1941.5.12	金牛座
1941.5.13-1941.5.29	雙子座	1941.5.30-1941.8.5	巨蟹座
1941.8.6-1941.8.20	獅子座	1941.8.21-1941.9.6	處女座
1941.9.7-1941.9.27	天秤座	1941.9.28-1941.10.29	天蠍座
1941.10.30-1941.11.11	天秤座	1941.11.12-1941.12.2	天蠍座
1941.12.3-1941.12.21	射手座	1941.12.22-1942.1.9	摩羯座
1942.1.10-1942.3.16	水瓶座	1942.3.17-1942.4.4	雙魚座
1942.4.5-1942.4.20	牡羊座	1942.4.21-1942.5.4	金牛座
1942.5.5-1942.7.12	雙子座	1942.7.13-1942.7.28	巨蟹座
1942.7.29-1942.8.12	獅子座	1942.8.13-1942.8.30	處女座
1942.8.31-1942.11.6	天秤座	1942.11.7-1942.11.25	天蠍座
1942.11.26-1942.12.14	射手座	1942.12.15-1943.1.2	摩羯座
1943.1.3-1943.1.27	水瓶座	1943.1.28-1943.2.15	摩羯座
1943.2.16-1943.3.10	水瓶座	1943.3.11-1943.3.27	雙魚座
1943.3.28-1943.4.11	牡羊座	1943.4.12-1943.4.30	金牛座

出生日	水星/星座	出生日	水星/星座
1943.5.1-1943.5.25	雙子座	1943.5.26-1943.6.13	金牛座
1943.6.14-1943.7.5	雙子座	1943.7.6-1943.7.20	巨蟹座
1943.7.21-1943.8.4	獅子座	1943.8.5-1943.8.26	處女座
1943.8.27-1943.9.24	天秤座	1943.9.25-1943.10.11	處女座
1943.10.12-1943.10.30	天秤座	1943.10.31-1943.11.18	天蠍座
1943.11.19-1943.12.7	射手座	1943.12.8-1944.2.12	摩羯座
1944.2.13-1944.3.2	水瓶座	1944.3.3-1944.3.18	雙魚座
1944.3.19-1944.4.3	牡羊座	1944.4.4-1944.6.10	金牛座
1944.6.11-1944.6.26	雙子座	1944.6.27-1944.7.10	巨蟹座
1944.7.11-1944.7.28	獅子座	1944.7.29-1944.10.4	處女座
1944.10.5-1944.10.21	天秤座	1944.10.22-1944.11.9	天蠍座
1944.11.10-1944.12.1	射手座	1944.12.2-1944.12.23	摩羯座
1944.12.24-1945.1.13	射手座	1945.1.14-1945.2.4	摩羯座
1945.2.5-1945.2.22	水瓶座	1945.2.23-1945.3.10	雙魚座
1945.3.11-1945.5.16	牡羊座	1945.5.17-1945.6.3	金牛座
1945.6.4-1945.6.18	雙子座	1945.6.19-1945.7.3	巨蟹座
1945.7.4-1945.7.26	獅子座	1945.7.27-1945.8.16	處女座
1945.8.17-1945.9.9	獅子座	1945.9.10-1945.9.27	處女座
1945.9.28-1945.10.14	天秤座	1945.10.15-1945.11.3	天蠍座
1945.11.4-1946.1.9	射手座	1946.1.10-1946.1.28	摩羯座
1946.1.29-1946.2.15	水瓶座	1946.2.16-1946.3.3	雙魚座
1946.3.4-1946.4.1	牡羊座	1946.4.2-1946.4.16	雙魚座
1946.4.17-1946.5.11	牡羊座	1946.5.12-1946.5.26	金牛座
1946.5.27-1946.6.9	雙子座	1946.6.10-1946.6.27	巨蟹座
1946.6.28-1946.9.3	獅子座	1946.9.4-1946.9.19	處女座

出生日	水星/星座	出生日	水星/星座
1946.9.20-1946.10.7	天秤座	1946.10.8-1946.10.29	天蠍座
1946.10.30-1946.11.20	射手座	1946.11.21-1946.12.12	天蠍座
1946.12.13-1947.1.2	射手座	1947.1.3-1947.1.21	摩羯座
1947.1.22-1947.2.7	水瓶座	1947.2.8-1947.4.15	雙魚座
1947.4.16-1947.5.3	牡羊座	1947.5.4-1947.5.18	金牛座
1947.5.19-1947.6.2	雙子座	1947.6.3-1947.8.10	巨蟹座
1947.8.11-1947.8.26	獅子座	1947.8.27-1947.9.11	處女座
1947.9.12-1947.10.1	天秤座	1947.10.2-1947.12.7	天蠍座
1947.12.8-1947.12.26	射手座	1947.12.27-1948.1.13	摩羯座
1948.1.14-1948.2.1	水瓶座	1948.2.2-1948.2.19	雙魚座
1948.2.20-1948.3.17	水瓶座	1948.3.18-1948.4.8	雙魚座
1948.4.9-1948.4.24	牡羊座	1948.4.25-1948.5.8	金牛座
1948.5.9-1948.5.27	雙子座	1948.5.28-1948.6.28	巨蟹座
1948.6.29-1948.7.11	雙子座	1948.7.12-1948.8.2	巨蟹座
1948.8.3-1948.8.16	獅子座	1948.8.17-1948.9.3	處女座
1948.9.4-1948.9.26	天秤座	1948.9.27-1948.10.16	天蠍座
1948.10.17-1948.11.9	天秤座	1948.11.10-1948.11.29	天蠍座
1948.11.30-1948.12.18	射手座	1948.12.19-1949.1.5	摩羯座
1949.1.6-1949.3.13	水瓶座	1949.3.14-1949.4.1	雙魚座
1949.4.2-1949.4.16	牡羊座	1949.4.17-1949.5.1	金牛座
1949.5.2-1949.7.9	雙子座	1949.7.10-1949.7.24	巨蟹座
1949.7.25-1949.8.8	獅子座	1949.8.9-1949.8.28	處女座
1949.8.29-1949.11.3	天秤座	1949.11.4-1949.11.21	天蠍座
1949.11.22-1949.12.11	射手座	1949.12.12-1950.1.1	摩羯座
1950.1.2-1950.1.14	水瓶座	1950.1.15-1950.2.14	摩羯座

出生日	水星/星座	出生日	水星/星座
1950.2.15-1950.3.7	水瓶座	1950.3.8-1950.3.24	雙魚座
1950.3.25-1950.4.7	牡羊座	1950.4.8-1950.6.14	金牛座
1950.6.15-1950.7.2	雙子座	1950.7.3-1950.7.16	巨蟹座
1950.7.17-1950.8.1	獅子座	1950.8.2-1950.8.27	處女座
1950.8.28-1950.9.10	天秤座	1950.9.11-1950.10.9	處女座
1950.10.10-1950.10.26	天秤座	1950.10.27-1950.11.14	天蠍座
1950.11.15-1950.12.4	射手座	1950.12.5-1951.2.9	摩羯座
1951.2.10-1951.2.28	水瓶座	1951.3.1-1951.3.15	雙魚座
1951.3.16-1951.4.1	牡羊座	1951.4.2-1951.5.1	金牛座
1951.5.2-1951.5.14	牡羊座	1951.5.15-1951.6.8	金牛座
1951.6.9-1951.6.23	雙子座	1951.6.24-1951.7.8	巨蟹座
1951.7.9-1951.7.27	獅子座	1951.7.28-1951.10.2	處女座
1951.10.3-1951.10.19	天秤座	1951.10.20-1951.11.7	天蠍座
1951.11.8-1951.12.1	射手座	1951.12.2-1951.12.12	摩羯座
1951.12.13-1952.1.12	射手座	1952.1.13-1952.2.2	摩羯座
1952.2.3-1952.2.20	水瓶座	1952.2.21-1952.3.7	雙魚座
1952.3.8-1952.5.14	牡羊座	1952.5.15-1952.5.31	金牛座
1952.6.1-1952.6.14	雙子座	1952.6.15-1952.6.29	巨蟹座
1952.6.30-1952.9.7	獅子座	1952.9.8-1952.9.23	處女座
1952.9.24-1952.10.11	天秤座	1952.10.12-1952.10.31	天蠍座
1952.11.1-1953.1.6	射手座	1953.1.7-1953.1.25	摩羯座
1953.1.26-1953.2.11	水瓶座	1953.2.12-1953.3.2	雙魚座
1953.3.3-1953.3.15	牡羊座	1953.3.16-1953.4.17	雙魚座
1953.4.18-1953.5.7	牡羊座	1953.5.8-1953.5.22	金牛座
1953.5.23-1953.6.5	雙子座	1953.6.6-1953.6.25	巨蟹座

出生日	水星/星座	出生日	水星/星座
1953.6.26-1953.7.28	獅子座	1953.7.29-1953.8.11	巨蟹座
1953.8.12-1953.8.30	獅子座	1953.8.31-1953.9.15	處女座
1953.9.16-1953.10.4	天秤座	1953.10.5-1953.10.31	天蠍座
1953.11.1-1953.11.6	射手座	1953.11.7-1953.12.10	天蠍座
1953.12.11-1953.12.30	射手座	1953.12.31-1954.1.17	摩羯座
1954.1.18-1954.2.4	水瓶座	1954.2.5-1954.4.12	雙魚座
1954.4.13-1954.4.29	牡羊座	1954.4.30-1954.5.14	金牛座
1954.5.15-1954.5.30	雙子座	1954.5.31-1954.8.7	巨蟹座
1954.8.8-1954.8.22	獅子座	1954.8.23-1954.9.7	處女座
1954.9.8-1954.9.28	天秤座	1954.9.29-1954.11.4	天蠍座
1954.11.5-1954.11.10	天秤座	1954.11.11-1954.12.3	天蠍座
1954.12.4-1954.12.23	射手座	1954.12.24-1955.1.10	摩羯座
1955.1.11-1955.3.17	水瓶座	1955.3.18-1955.4.6	雙魚座
1955.4.7-1955.4.21	牡羊座	1955.4.22-1955.5.6	金牛座
1955.5.7-1955.7.13	雙子座	1955.7.14-1955.7.30	巨蟹座
1955.7.31-1955.8.14	獅子座	1955.8.15-1955.9.1	處女座
1955.9.2-1955.11.7	天秤座	1955.11.8-1955.11.26	天蠍座
1955.11.27-1955.12.15	射手座	1955.12.16-1956.1.3	摩羯座
1956.1.4-1956.2.2	水瓶座	1956.2.3-1956.2.14	摩羯座
1956.2.15-1956.3.10	水瓶座	1956.3.11-1956.3.28	雙魚座
1956.3.29-1956.4.12	牡羊座	1956.4.13-1956.4.29	金牛座
1956.4.30-1956.7.6	雙子座	1956.7.7-1956.7.20	巨蟹座
1956.7.21-1956.8.5	獅子座	1956.8.6-1956.8.26	處女座
1956.8.27-1956.9.29	天秤座	1956.9.30-1956.10.10	處女座
1956.10.11-1956.10.30	天秤座	1956.10.31-1956.11.18	天蠍座

出生日	水星/星座	出生日	水星/星座
1956.11.19-1956.12.7	射手座	1956.12.8-1957.2.12	摩羯座
1957.2.13-1957.3.3	水瓶座	1957.3.4-1957.3.20	雙魚座
1957.3.21-1957.4.4	牡羊座	1957.4.5-1957.6.12	金牛座
1957.6.13-1957.6.28	雙子座	1957.6.29-1957.7.12	巨蟹座
1957.7.13-1957.7.29	獅子座	1957.7.30-1957.10.5	處女座
1957.10.6-1957.10.23	天秤座	1957.10.24-1957.11.11	天蠍座
1957.11.12-1957.12.1	射手座	1957.12.2-1957.12.28	摩羯座
1957.12.29-1958.1.13	射手座	1958.1.14-1958.2.6	摩羯座
1958.2.7-1958.2.24	水瓶座	1958.2.25-1958.3.12	雙魚座
1958.3.13-1958.4.2	牡羊座	1958.4.3-1958.4.10	金牛座
1958.4.11-1958.5.16	牡羊座	1958.5.17-19586.5	金牛座
1958.6.6-1958.6.19	雙子座	1958.6.20-1958.7.4	巨蟹座
1958.7.5-1958.7.25	獅子座	1958.7.26-1958.8.23	處女座
1958.8.24-1958.9.10	獅子座	1958.9.11-1958.9.28	處女座
1958.9.29-1958.10.15	天秤座	1958.10.16-1958.11.4	天蠍座
1958.11.5-1959.1.10	射手座	1959.1.11-1959.1.30	摩羯座
1959.1.31-1959.2.16	水瓶座	1959.2.17-1959.3.4	雙魚座
1959.3.5-1959.5.12	牡羊座	1959.5.13-1959.5.28	金牛座
1959.5.29-1959.6.11	雙子座	1959.6.12-1959.6.28	巨蟹座
1959.6.29-1959.9.4	獅子座	1959.9.5-1959.9.20	處女座
1959.9.21-1959.10.8	天秤座	1959.10.9-1959.10.30	天蠍座
1959.10.31-1959.11.24	射手座	1959.11.25-195912.13	天蠍座
1959.12.14-1960.1.3	射手座	1960.1.4-1960.1.22	摩羯座
1960.1.23-1960.2.8	水瓶座	1960.2.9-1960.4.15	雙魚座
1960.4.16-1960.5.4	牡羊座	1960.5.5-1960.5.18	金牛座

出生日	水星/星座	出生日	水星/星座
1960.5.19-1960.6.2	雙子座	1960.6.3-1960.6.30	巨蟹座
1960.7.1-1960.7.5	獅子座	1960.7.6-1960.8.10	巨蟹座
1960.8.11-1960.8.26	獅子座	1960.8.27-1960.9.11	處女座
1960.9.12-1960.10.1	天秤座	1960.10.2-196012.7	天蠍座
1960.12.8-1960.12.26	射手座	1960.12.27-1961.1.14	摩羯座
1961.1.15-1961.2.1	水瓶座	1961.2.2-1961.2.24	雙魚座
1961.2.25-1961.3.17	水瓶座	1961.3.18-1961.4.9	雙魚座
1961.4.10-1961.4.26	牡羊座	1961.4.27-1961.5.10	金牛座
1961.5.11-1961.5.28	雙子座	1961.5.29-1961.8.3	巨蟹座
1961.8.4-1961.8.18	獅子座	1961.8.19-1961.9.4	處女座
1961.9.5-1961.9.27	天秤座	1961.9.28-1961.10.21	天蠍座
1961.10.22-1961.11.10	天秤座	1961.11.11-1961.11.30	天蠍座
1961.12.1-1961.12.19	射手座	1961.12.20-1962.1.7	摩羯座
1962.1.8-1962.3.14	水瓶座	1962.3.15-1962.4.2	雙魚座
1962.4.3-1962.4.4.17	牡羊座	1962.4.18-1962.5.2	金牛座
1962.5.3-1962.7.10	雙子座	1962.7.11-1962.7.26	巨蟹座
1962.7.27-1962.8.10	獅子座	1962.8.11-1962.8.29	處女座
1962.8.30-1962.11.4	天秤座	1962.11.5-1962.11.23	天蠍座
1962.11.24-1962.12.12	射手座	1962.12.13-1963.1.1	摩羯座
1963.1.2-1963.1.19	水瓶座	1963.1.20-1963.2.14	摩羯座
1963.2.15-1963.3.8	水瓶座	1963.3.9-1963.3.25	雙魚座
1963.3.26-1963.4.9	牡羊座	1963.4.10-1963.5.2	金牛座
1963.5.3-1963.5.10	雙子座	1963.5.11-1963.6.14	金牛座
1963.6.15-1963.7.3	雙子座	1963.7.4-1963.7.17	巨蟹座
1963.7.18-1963.8.2	獅子座	1963.8.3-1963.8.26	處女座

出生日	水星/星座	出生日	水星/星座
1963.8.27-1963.9.16	天秤座	1963.9.17-1963.10.10	處女座
1963.10.11-1963.10.28	天秤座	1963.10.29-1963.11.15	天蠍座
1963.11.16-1964.12.5	射手座	1963.12.6-1964.2.10	摩羯座
1964.2.11-1964.2.29	水瓶座	1964.3.1-1964.3.16	雙魚座
1964.3.17-1964.4.1	牡羊座	1964.4.2-1964.6.9	金牛座
1964.6.10-1964.6.24	雙子座	1964.6.25-1964.7.8	巨蟹座
1964.7.9-1964.7.26	獅子座	1964.7.27-1964.10.2	處女座
1964.10.3-1964.10.19	天秤座	1964.10.20-1964.11.7	天蠍座
1964.11.8-1964.11.30	射手座	1964.12.1-1964.12.16	摩羯座
1964.12.17-1965.1.12	射手座	1965.1.13-1965.2.2	摩羯座
1965.2.3-1965.2.20	水瓶座	1965.2.21-1965.3.8	雙魚座
1965.3.9-1965.5.15	牡羊座	1965.5.16-1965.6.1	金牛座
1965.6.2-1965.6.15	雙子座	1965.6.16-1965.7.1	巨蟹座
1965.7.2-1965.7.30	獅子座	1965.7.31-1965.8.2	處女座
1965.8.3-1965.9.8	獅子座	1965.9.9-1965.9.24	處女座
1965.9.25-1965.10.12	天秤座	1965.10.13-1965.11.1	天蠍座
1965.11.2-1966.1.7	射手座	1966.1.8-1966.1.26	摩羯座
1966.1.27-1966.2.12	水瓶座	1966.2.13-1966.3.2	雙魚座
1966.3.3-1966.3.21	牡羊座	1966.3.22-1966.4.17	雙魚座
1966.4.18-1966.5.9	牡羊座	1966.5.10-1966.5.24	金牛座
1966.5.25-1966.6.7	雙子座	1966.6.8-1966.6.26	巨蟹座
1966.6.27-1966.8.31	獅子座	1966.9.1-1966.9.16	處女座
1966.9.17-1966.10.5	天秤座	1966.10.6-1966.10.29	天蠍座
1966.10.30-1966.11.12	射手座	1966.11.13-1966.12.11	天蠍座
1966.12.12-1966.12.31	射手座	1967.1.1-1967.1.19	摩羯座

出生日	水星/星座	出生日	水星/星座
1967.1.20-1967.2.5	水瓶座	1967.2.6-1967.4.14	雙魚座
1967.4.15-1967.5.1	牡羊座	1967.5.2-1967.5.15	金牛座
1967.5.16-1967.5.31	雙子座	1967.6.1-1967.8.8	巨蟹座
1967.8.9-1967.8.23	獅子座	1967.8.24-1967.9.9	處女座
1967.9.10-1967.9.29	天秤座	1967.9.30-1967.12.5	天蠍座
1967.12.6-1967.12.24	射手座	1967.12.25-1968.1.11	摩羯座
1968.1.12-1968.2.1	水瓶座	1968.2.2-1968.2.11	雙魚座
1968.2.12-1968.3.17	水瓶座	1968.3.18-1968.4.6	雙魚座
1968.4.7-1968.4.22	牡羊座	1968.4.23-1968.5.6	金牛座
1968.5.7-1968.5.29	雙子座	1968.5.30-1968.6.13	巨蟹座
1968.6.14-1968.7.12	雙子座	1968.7.13-1968.7.30	巨蟹座
1968.7.31-1968.8.14	獅子座	1968.8.15-1968.9.1	處女座
1968.9.2-1968.9.28	天秤座	1968.9.29-1968.10.7	天蠍座
1968.10.8-1968.11.7	天秤座	1968.11.8-1968.11.27	天蠍座
1968.11.28-1968.12.16	射手座	1968.12.17-1969.1.4	摩羯座
1969.1.5-1969.3.12	水瓶座	1969.3.13-1969.3.29	雙魚座
1969.3.30-1969.4.13	牡羊座	1969.4.14-1969.4.30	金牛座
1969.5.1-1969.7.7	雙子座	1969.7.8-1969.7.22	巨蟹座
1969.7.23-1969.8.6	獅子座	1969.8.7-1969.8.26	處女座
1969.8.27-1969.10.6	天秤座	1969.10.7-1969.10.9	處女座
1969.10.10-1969.11.1	天秤座	1969.11.2-1969.11.19	天蠍座
1969.11.20-1969.12.9	射手座	1969.12.10-1970.1.3	摩羯座
1970.1.4-1970.1.4	水瓶座	1970.1.5-1970.2.13	摩羯座
1970.2.14-1970.3.5	水瓶座	1970.3.6-1970.3.21	雙魚座
1970.3.22-1970.4.5	牡羊座	1970.4.6-1970.6.13	金牛座

出生日	水星/星座	出生日	水星/星座
1970.6.14-1970.6.29	雙子座	1970.6.30-1970.7.13	巨蟹座
1970.7.14-1970.7.30	獅子座	1970.7.31-1970.10.7	處女座
1970.10.8-1970.10.24	天秤座	1970.10.25-1970.11.12	天蠍座
1970.11.13-1970.12.2	射手座	1970.12.3-1971.1.2	摩羯座
1971.1.3-1971.1.13	射手座	1971.1.14-1971.2.7	摩羯座
1971.2.8-1971.2.25	水瓶座	1971.2.26-1971.3.13	雙魚座
1971.3.14-1971.4.1	牡羊座	1971.4.2-1971.4.18	金牛座
1971.4.19-1971.5.16	牡羊座	1971.5.17-1971.6.6	金牛座
1971.6.7-1971.6.21	雙子座	1971.6.22-1971.7.5	巨蟹座
1971.7.6-1971.7.26	獅子座	1971.7.27-1971.8.29	處女座
1971.8.30-1971.9.10	獅子座	1971.9.11-1971.9.29	處女座
1971.9.30-1971.10.17	天秤座	1971.10.18-1971.11.5	天蠍座
1971.11.6-1972.1.11	射手座	1972.1.12-1972.1.31	摩羯座
1972.2.1-1972.2.18	水瓶座	1972.2.19-1972.3.5	雙魚座
1972.3.6-1972.5.12	牡羊座	1972.5.13-1972.5.28	金牛座
1972.5.29-1972.6.11	雙子座	1972.6.12-1972.6.28	巨蟹座
1972.6.29-1972.9.4	獅子座	1972.9.5-1972.9.21	處女座
1972.9.22-1972.10.8	天秤座	1972.10.9-1972.10.30	天蠍座
1972.10.31-1972.11.28	射手座	1972.11.29-1972.12.12	天蠍座
1972.12.13-1973.1.4	射手座	1973.1.5-1973.1.23	摩羯座
1973.1.24-1973.2.9	水瓶座	1973.2.10-1973.4.16	雙魚座
1973.4.17-1973.5.5	牡羊座	1973.5.6-1973.5.20	金牛座
1973.5.21-1973.6.3	雙子座	1973.6.4-1973.6.26	巨蟹座
1973.6.27-1973.7.15	獅子座	1973.7.16-1973.8.11	巨蟹座
1973.8.12-1973.8.28	獅子座	1973.8.29-1973.9.13	處女座

出生日	水星/星座	出生日	水星/星座
1973.9.14-1973.10.2	天秤座	1973.10.3-1973.12.8	天蠍座
1973.12.9-1973.12.28	射手座	1973.12.29-1974.1.15	摩羯座
1974.1.16-1974.2.2	水瓶座	1974.2.3-1974.3.2	雙魚座
1974.3.3-1974.3.17	水瓶座	1974.3.18-1974.4.11	雙魚座
1974.4.12-1974.4.27	牡羊座	1974.4.28-1974.5.11	金牛座
1974.5.12-1974.5.28	雙子座	1974.5.29-1974.8.4	巨蟹座
1974.8.5-1974.8.19	獅子座	1974.8.20-1974.9.5	處女座
1974.9.6-1974.9.27	天秤座	1974.9.28-1974.10.26	天蠍座
1974.10.27-1974.11.11	天秤座	1974.11.12-1974.12.1	天蠍座
1974.12.2-1974.12.20	射手座	1974.12.21-1975.1.8	摩羯座
1975.1.9-1975.3.15	水瓶座	1975.3.16-1975.4.4	雙魚座
1975.4.5-1975.4.19	牡羊座	1975.4.20-1975.5.3	金牛座
1975.5.4-1975.7.11	雙子座	1975.7.12-1975.7.27	巨蟹座
1975.7.28-1975.8.11	獅子座	1975.8.12-1975.8.30	處女座
1975.8.31-1975.11.5	天秤座	1975.11.6-1975.11.24	天蠍座
1975.11.25-1975.12.13	射手座	1975.12.14-1976.1.2	摩羯座
1976.1.3-1976.1.25	水瓶座	1976.1.26-1976.2.15	摩羯座
1976.2.16-1976.3.9	水瓶座	1976.3.10-1976.3.26	雙魚座
1976.3.27-1976.4.10	牡羊座	1976.4.11-1976.4.29	金牛座
1976.4.30-1976.5.19	雙子座	1976.5.20-1976.6.13	金牛座
1976.6.14-1976.7.4	雙子座	1976.7.5-1976.7.18	巨蟹座
1976.7.19-1976.8.3	獅子座	1976.8.4-1976.8.25	處女座
1976.8.26-1976.9.21	天秤座	1976.9.22-1976.10.10	處女座
1976.10.11-1976.10.29	天秤座	1976.10.30-1976.11.16	天蠍座
1976.11.17-1976.12.6	射手座	1976.12.7-1977.2.10	摩羯座

出生日	水星/星座	出生日	水星/星座
1977.2.11-1977.3.2	水瓶座	1977.3.3-1977.3.18	雙魚座
1977.3.19-1977.4.3	牡羊座	1977.4.4-1977.6.10	金牛座
1977.6.11-1977.6.26	雙子座	1977.6.27-1977.7.10	巨蟹座
1977.7.11-1977.7.28	獅子座	1977.7.29-1977.10.4	處女座
1977.10.5-1977.10.21	天秤座	1977.10.22-1977.11.9	天蠍座
1977.11.10-1977.12.1	射手座	1977.12.2-1977.12.21	摩羯座
1977.12.22-1978.1.13	射手座	1978.1.14-1978.2.4	摩羯座
1978.2.5-1978.2.22	水瓶座	1978.2.23-1978.3.10	雙魚座
1978.3.11-1978.5.16	牡羊座	1978.5.17-1978.6.3	金牛座
1978.6.4-1978.6.17	雙子座	1978.6.18-1978.7.2	巨蟹座
1978.7.3-1978.7.27	獅子座	1978.7.28-1978.8.13	處女座
1978.8.14-1978.9.9	獅子座	1978.9.10-1978.9.26	處女座
1978.9.27-1978.10.14	天秤座	1978.10.15-1978.11.3	天蠍座
1978.11.4-1979.1.8	射手座	1979.1.9-1979.1.28	摩羯座
1979.1.29-1979.2.14	水瓶座	1979.2.15-1979.3.3	雙魚座
1979.3.4-1979.3.28	牡羊座	1979.3.29-1979.4.17	雙魚座
1979.4.18-1979.5.10	牡羊座	1979.5.11-1979.5.26	金牛座
1979.5.27-1979.6.9	雙子座	1979.6.10-1979.6.27	巨蟹座
1979.6.28-1979.9.2	獅子座	1979.9.3-1979.9.18	處女座
1979.9.19-1979.10.7	天秤座	1979.10.8-1979.10.30	天蠍座
1979.10.31-1979.11.18	射手座	1979.11.19-1979.12.12	天蠍座
1979.12.13-1980.1.1	射手座	1980.1.2-1980.1.20	摩羯座
1980.1.21-1980.2.6	水瓶座	1980.2.7-1980.4.14	雙魚座
1980.4.15-1980.5.1	牡羊座	1980.5.2-1980.5.16	金牛座
1980.5.17-1980.5.31	雙子座	1980.6.1-1980.8.8	巨蟹座

出生日	水星/星座	出生日	水星/星座
1980.8.9-1980.8.24	獅子座	1980.8.25-1980.9.9	處女座
1980.9.10-1980.9.29	天秤座	1980.9.30-1980.12.5	天蠍座
1980.12.6-1980.12.24	射手座	1980.12.25-1981.1.12	摩羯座
1981.1.13-1981.1.31	水瓶座	1981.2.1-1981.2.15	雙魚座
1981.2.16-1981.3.17	水瓶座	1981.3.17-1981.4.7	雙魚座
1981.4.8-1981.4.23	牡羊座	1981.4.24-1981.5.7	金牛座
1981.5.8-1981.5.28	雙子座	1981.5.29-1981.6.22	巨蟹座
1981.6.23-1981.7.12	雙子座	1981.7.13-1981.8.1	巨蟹座
1981.8.2-1981.8.16	獅子座	1981.8.17-1981.9.2	處女座
1981.9.3-1981.9.26	天秤座	1981.9.27-1981.10.13	天蠍座
1981.10.14-1981.11.9	天秤座	1981.11.10-1981.11.28	天蠍座
1981.11.29-1981.12.17	射手座	1981.12.18-1982.1.5	摩羯座
1982.1.6-1982.3.13	水瓶座	1982.3.14-1982.3.31	雙魚座
1982.4.1-1982.4.15	牡羊座	1982.4.16-1982.5.1	金牛座
1982.5.2-1982.7.8	雙子座	1982.7.9-1982.7.23	巨蟹座
1982.7.24-1982.8.8	獅子座	1982.8.9-1982.8.27	處女座
1982.8.28-1982.11.2	天秤座	1982.11.3-1982.11.21	天蠍座
1982.11.22-1982.12.10	射手座	1982.12.11-1983.1.1	摩羯座
1983.1.2-1983.1.11	水瓶座	1983.1.12-1983.2.13	摩羯座
1983.2.14-1983.3.6	水瓶座	1983.3.7-1983.3.23	雙魚座
1983.3.24-1983.4.7	牡羊座	1983.4.8-1983.6.13	金牛座
1983.6.14-1983.7.1	雙子座	1983.7.2-1983.7.15	巨蟹座
1983.7.16-1983.7.31	獅子座	1983.8.1-1983.8.28	處女座
1983.8.29-1983.9.5	天秤座	1983.9.6-1983.10.8	處女座
1983.10.9-1983.10.26	天秤座	1983.10.27-1983.11.13	天蠍座

出生日	水星/星座	出生日	水星/星座
1983.11.14-1983.12.3	射手座	1983.12.4-1984.2.8	摩羯座
1984.2.9-1984.2.27	水瓶座	1984.2.28-1984.3.14	雙魚座
1984.3.15-1984.3.31	牡羊座	1984.4.1-1984.4.24	金牛座
1984.4.25-1984.5.15	牡羊座	1984.5.16-1984.6.7	金牛座
1984.6.8-1984.6.21	雙子座	1984.6.22-1984.7.6	巨蟹座
1984.7.7-1984.7.25	獅子座	1984.7.26-1984.9.30	處女座
1984.10.1-1984.10.17	天秤座	1984.10.18-1984.11.6	天蠍座
1984.11.7-1984.12.1	射手座	1984.12.2-1984.12.7	摩羯座
1984.12.8-1985.1.11	射手座	1985.1.12-1985.1.31	摩羯座
1985.2.1-1985.2.18	水瓶座	1985.2.19-1985.3.6	雙魚座
1985.3.7-1985.5.13	牡羊座	1985.5.14-1985.5.30	金牛座
1985.5.31-1985.6.13	雙子座	1985.6.14-1985.6.29	巨蟹座
1985.6.30-1985.9.6	獅子座	1985.9.7-1985.9.22	處女座
1985.9.23-1985.10.10	天秤座	1985.10.11-1985.10.31	天蠍座
1985.11.1-1985.12.4	射手座	1985.12.5-198512.11	天蠍座
1985.12.12-1986.1.5	射手座	1986.1.6-1986.1.24	摩羯座
1986.1.25-1986.2.10	水瓶座	1986.2.11-1986.3.2	雙魚座
1986.3.3-1986.3.11	牡羊座	1986.3.12-1986.4.17	雙魚座
1986.4.18-1986.5.7	牡羊座	1986.5.8-1986.5.21	金牛座
1986.5.22-1986.6.5	雙子座	1986.6.6-1986.6.26	巨蟹座
1986.6.27-1986.7.23	獅子座	1986.7.24-1986.8.11	巨蟹座
1986.8.12-1986.8.29	獅子座	1986.8.30-1986.9.14	處女座
1986.9.15-1986.10.3	天秤座	1986.10.4-1986.12.9	天蠍座
1986.12.10-1986.12.29	射手座	1986.12.30-1987.1.17	摩羯座
1987.1.18-1987.2.3	水瓶座	1987.2.4-1987.3.11	雙魚座

出生日	水星/星座	出生日	水星/星座
1987.3.12-1987.3.13	水瓶座	1987.3.14-1987.4.12	雙魚座
1987.4.13-1987.4.29	牡羊座	1987.4.30-1987.5.13	金牛座
1987.5.14-1987.5.29	雙子座	1987.5.30-1987.8.6	巨蟹座
1987.8.7-1987.8.21	獅子座	1987.8.22-1987.9.7	處女座
1987.9.8-1987.9.28	天秤座	1987.9.29-1987.10.31	天蠍座
1987.11.1-1987.11.11	天秤座	1987.11.12-1987.12.3	天蠍座
1987.12.4-1987.12.22	射手座	1987.12.23-1988.1.9	摩羯座
1988.1.10-1988.3.15	水瓶座	1988.3.16-1988.4.4	雙魚座
1988.4.5-1988.4.19	牡羊座	1988.4.20-1988.5.4	金牛座
1988.5.5-1988.7.11	雙子座	1988.7.12-1988.7.28	巨蟹座
1988.7.29-1988.8.12	獅子座	1988.8.13-1988.8.30	處女座
1988.8.31-1988.11.6	天秤座	1988.11.7-1988.11.24	天蠍座
1988.11.25-1988.12.13	射手座	1988.12.14-1989.1.2	摩羯座
1989.1.3-1989.1.28	水瓶座	1989.1.29-1989.2.14	摩羯座
1989.2.15-1989.3.10	水瓶座	1989.3.11-1989.3.27	雙魚座
1989.3.28-1989.4.11	牡羊座	1989.4.12-1989.4.29	金牛座
1989.4.30-1989.5.28	雙子座	1989.5.29-1989.6.11	金牛座
1989.6.12-1989.7.5	雙子座	1989.7.6-1989.7.19	巨蟹座
1989.7.20-1989.8.4	獅子座	1989.8.5-1989.8.25	處女座
1989.8.26-1989.9.26	天秤座	1989.9.27-1989.10.10	處女座
1989.10.11-1989.10.30	天秤座	1989.10.31-1989.11.17	天蠍座
1989.11.18-1989.12.7	射手座	1989.12.8-1990.2.11	摩羯座
1990.2.12-1990.3.3	水瓶座	1990.3.4-1990.3.19	雙魚座
1990.3.20-1990.4.3	牡羊座	1990.4.4-1990.6.12	金牛座
1990.6.13-1990.6.27	雙子座	1990.6.28-1990.7.11	巨蟹座

出生日	水星/星座	出生日	水星/星座
1990.7.12-1990.7.29	獅子座	1990.7.30-1990.10.5	處女座
1990.10.6-1990.10.23	天秤座	1990.10.24-1990.11.11	天蠍座
1990.11.12-1990.12.2	射手座	1990.12.3-1990.12.25	摩羯座
1990.12.26-1991.1.13	射手座	1991.1.14-1991.2.5	摩羯座
1991.2.6-1991.2.23	水瓶座	1991.2.24-1991.3.11	雙魚座
1991.3.12-1991.5.16	牡羊座	1991.5.17-1991.6.4	金牛座
1991.6.5-1991.6.18	雙子座	1991.6.19-1991.7.3	巨蟹座
1991.7.4-1991.7.26	獅子座	1991.7.27-1991.8.19	處女座
1991.8.20-1991.9.10	獅子座	1991.9.11-1991.9.27	處女座
1991.9.28-1991.10.15	天秤座	1991.10.16-1991.11.3	天蠍座
1991.11.4-1992.1.9	射手座	1992.1.10-1992.1.29	摩羯座
1992.1.30-1992.2.15	水瓶座	1992.2.16-1992.3.3	雙魚座
1992.3.4-1992.4.3	牡羊座	1992.4.4-1992.4.14	雙魚座
1992.4.15-1992.5.10	牡羊座	1992.5.11-1992.5.26	金牛座
1992.5.27-1992.6.9	雙子座	1992.6.10-1992.6.26	巨蟹座
1992.6.27-1992.9.2	獅子座	1992.9.3-1992.9.18	處女座
1992.9.19-1992.10.6	天秤座	1992.10.7-1992.10.29	天蠍座
1992.10.30-1992.11.21	射手座	1992.11.22-1992.12.11	天蠍座
1992.12.12-1993.1.2	射手座	1993.1.3-1993.1.20	摩羯座
1993.1.21-1993.2.7	水瓶座	1993.2.8-1993.4.15	雙魚座
1993.4.16-1993.5.3	牡羊座	1993.5.4-1993.5.17	金牛座
1993.5.18-1993.6.1	雙子座	1993.6.2-1993.8.9	巨蟹座
1993.8.10-1993.8.25	獅子座	1993.8.26-1993.9.10	處女座
1993.9.11-1993.9.30	天秤座	1993.10.1-1993.12.6	天蠍座
1993.12.7-1993.12.26	射手座	1993.12.27-1994.1.13	摩羯座

出生日	水星/星座	出生日	水星/星座
1994.1.14-1994.1.31	水瓶座	1994.2.1-1994.2.21	雙魚座
1994.2.22-1994.3.18	水瓶座	1994.3.19-1994.4.9	雙魚座
1994.4.10-1994.4.25	牡羊座	1994.4.26-1994.5.9	金牛座
1994.5.10-1994.5.28	雙子座	1994.5.29-1994.7.2	巨蟹座
1994.7.3-1994.7.10	雙子座	1994.7.11-1994.8.2	巨蟹座
1994.8.3-1994.8.17	獅子座	1994.8.18-1994.9.3	處女座
1994.9.4-1994.9.26	天秤座	1994.9.27-1994.10.18	天蠍座
1994.10.19-1994.11.10	天秤座	1994.11.11-1994.11.29	天蠍座
1994.11.30-1994.12.18	射手座	1994.12.19-1995.1.6	摩羯座
1995.1.7-1995.3.14	水瓶座	1995.3.15-1995.4.1	雙魚座
1995.4.2-1995.4.16	牡羊座	1995.4.17-1995.5.2	金牛座
1995.5.3-1995.7.10	雙子座	1995.7.11-1995.7.25	巨蟹座
1995.7.26-1995.8.9	獅子座	1995.8.10-1995.8.28	處女座
1995.8.29-1995.11.3	天秤座	1995.11.4-1995.11.22	天蠍座
1995.11.23-1995.12.11	射手座	1995.12.12-1996.1.1	摩羯座
1996.1.2-1996.1.16	水瓶座	1996.1.17-1996.2.14	摩羯座
1996.2.15-1996.3.6	水瓶座	1996.3.7-1996.3.23	雙魚座
1996.3.24-1996.4.7	牡羊座	1996.4.8-1996.6.13	金牛座
1996.6.14-1996.7.1	雙子座	1996.7.2-1996.7.15	巨蟹座
1996.7.16-1996.8.1	獅子座	1996.8.2-1996.8.25	處女座
1996.8.26-1996.9.11	天秤座	1996.9.12-1996.10.8	處女座
1996.10.9-1996.10.26	天秤座	1996.10.27-1996.11.14	天蠍座
1996.11.15-1996.12.4	射手座	1996.12.5-1997.2.8	摩羯座
1997.2.9-1997.2.27	水瓶座	1997.2.28-1997.3.15	雙魚座
1997.3.16-1997.4.1	牡羊座	1997.4.2-1997.5.4	金牛座

出生日	水星/星座	出生日	水星/星座
1997.5.5-1997.5.11	牡羊座	1997.5.12-1997.6.8	金牛座
1997.6.9-1997.6.23	雙子座	1997.6.24-1997.7.7	巨蟹座
1997.7.8-1997.7.26	獅子座	1997.7.27-1997.10.1	處女座
1997.10.2-1997.10.19	天秤座	1997.10.20-1997.11.7	天蠍座
1997.11.8-1997.11.30	射手座	1997.12.1-1997.12.13	摩羯座
1997.12.14-1998.1.12	射手座	1998.1.13-1998.2.2	摩羯座
1998.2.3-1998.2.19	水瓶座	1998.2.20-1998.3.7	雙魚座
1998.3.8-1998.5.14	牡羊座	1998.5.15-1998.5.31	金牛座
1998.6.1-1998.6.14	雙子座	1998.6.15-1998.6.30	巨蟹座
1998.7.1-1998.9.7	獅子座	1998.9.8-1998.9.23	處女座
1998.9.24-1998.10.11	天秤座	1998.10.12-1998.11.1	天蠍座
1998.11.2-1999.1.6	射手座	1999.1.7-1999.1.25	摩羯座
1999.1.26-1999.2.12	水瓶座	1999.2.13-1999.3.2	雙魚座
1999.3.3-1999.3.17	牡羊座	1999.3.18-1999.4.17	雙魚座
1999.4.18-1999.5.8	牡羊座	1999.5.9-1999.5.23	金牛座
1999.5.24-1999.6.6	雙子座	1999.6.7-1999.6.26	巨蟹座
1999.6.27-1999.7.31	獅子座	1999.8.1-1999.8.10	巨蟹座
1999.8.11-1999.8.31	獅子座	1999.9.1-1999.9.16	處女座
1999.9.17-1999.10.4	天秤座	1999.10.5-1999.10.30	天蠍座
1999.10.31-1999.11.9	射手座	1999.11.10-1999.12.10	天蠍座
1999.12.11-1999.12.30	射手座	1999.12.31-2000.1.18	摩羯座
2000.1.19-2000.2.4	水瓶座	2000.2.5-2000.4.12	雙魚座
2000.4.13-2000.4.29	牡羊座	2000.4.30-2000.5.13	金牛座
2000.5.14-2000.5.29	雙子座	2000.5.30-2000.8.6	巨蟹座
2000.8.7-2000.8.21	獅子座	2000.8.22-2000.9.7	處女座

出生日	水星/星座	出生日	水星/星座
2000.9.8-2000.9.28	天秤座	2000.9.29-2000.11.6	天蠍座
2000.11.7-2000.11.8	天秤座	2000.11.9-2000.12.3	天蠍座
2000.12.4-2000.12.22	射手座	2000.12.23-2001.1.10	摩羯座
2001.1.11-2001.2.1	水瓶座	2001.2.2-2001.2.6	雙魚座
2001.2.7-2001.3.17	水瓶座	2001.3.18-2001.4.6	雙魚座
2001.4.7-2001.4.21	牡羊座	2001.4.22-2001.5.6	金牛座
2001.5.7-2001.7.12	雙子座	2001.7.13-2001.7.30	巨蟹座
2001.7.31-2001.8.14	獅子座	2001.8.15-2001.9.1	處女座
2001.9.2-2001.11.7	天秤座	2001.11.8-2001.11.26	天蠍座
2001.11.27-2001.12.15	射手座	2001.12.16-2002.1.3	摩羯座
2002.1.4-2002.2.4	水瓶座	2002.2.5-2002.2.13	摩羯座
2002.2.14-2002.3.11	水瓶座	2002.3.12-2002.3.29	雙魚座
2002.3.30-2002.4.13	牡羊座	2002.4.14-2002.4.30	金牛座
2002.5.1-2002.7.7	雙子座	2002.7.8-2002.7.21	巨蟹座
2002.7.22-2002.8.6	獅子座	2002.8.7-2002.8.26	處女座
2002.8.27-2002.10.2	天秤座	2002.10.3-2002.10.11	處女座
2002.10.12-2002.10.31	天秤座	2002.11.1-2002.11.19	天蠍座
2002.11.20-2002.12.8	射手座	2002.12.9-2003.2.13	摩羯座
2003.2.14-2003.3.5	水瓶座	2003.3.6-2003.3.21	雙魚座
2003.3.22-2003.4.5	牡羊座	2003.4.6-2003.6.13	金牛座
2003.6.14-2003.6.29	雙子座	2003.6.30-2003.7.13	巨蟹座
2003.7.14-2003.7.30	獅子座	2003.7.31-2003.10.7	處女座
2003.10.8-2003.10.24	天秤座	2003.10.25-2003.11.12	天蠍座
2003.11.13-2003.12.2	射手座	2003.12.3-2003.12.30	摩羯座
2003.12.31-2004.1.14	射手座	2004.1.15-2004.2.7	摩羯座

出生日	水星/星座	出生日	水星/星座
2004.2.8-2004.2.25	水瓶座	2004.2.26-2004.3.12	雙魚座
2004.3.13-2004.4.1	牡羊座	2004.4.2-2004.4.13	金牛座
2004.4.14-2004.5.16	牡羊座	2004.5.17-2004.6.5	金牛座
2004.6.6-2004.6.19	雙子座	2004.6.20-2004.7.4	巨蟹座
2004.7.5-2004.7.25	獅子座	2004.7.26-2004.8.25	處女座
2004.8.26-2004.9.10	獅子座	2004.9.11-2004.9.28	處女座
2004.9.29-2004.10.15	天秤座	2004.10.16-2004.11.4	天蠍座
2004.11.5-2005.1.10	射手座	2005.1.11-2005.1.30	摩羯座
2005.1.31-2005.2.16	水瓶座	2005.2.17-2005.3.5	雙魚座
2005.3.6-2005.5.12	牡羊座	2005.5.13-2005.5.28	金牛座
2005.5.29-2005.6.11	雙子座	2005.6.12-2005.6.28	巨蟹座
2005.6.29-2005.9.4	獅子座	2005.9.5-2005.9.20	處女座
2005.9.21-2005.10.8	天秤座	2005.10.9-2005.10.30	天蠍座
2005.10.31-2005.11.26	射手座	2005.11.27-2005.12.12	天蠍座
2005.12.13-2006.1.3	射手座	2006.1.4-2006.1.22	摩羯座
2006.1.23-2006.2.9	水瓶座	2006.2.10-2006.4.16	雙魚座
2006.4.17-2006.5.5	牡羊座	2006.5.6-2006.5.19	金牛座
2006.5.20-2006.6.3	雙子座	2006.6.4-2006.6.28	巨蟹座
2006.6.29-2006.7.10	獅子座	2006.7.11-2006.8.11	巨蟹座
2006.8.12-2006.8.27	獅子座	2006.8.28-2006.9.12	處女座
2006.9.13-2006.10.2	天秤座	2006.10.3-2006.12.8	天蠍座
2006.12.9-2006.12.27	射手座	2006.12.28-2007.1.15	摩羯座
2007.1.16-2007.2.2	水瓶座	2007.2.3-2007.2.27	雙魚座
2007.2.28-2007.3.18	水瓶座	2007.3.19-2007.4.10	雙魚座
2007.4.11-2007.4.27	牡羊座	2007.4.28-2007.5.11	金牛座

出生日	水星/星座	出生日	水星/星座
2007.5.12-2007.5.29	雙子座	2007.5.30-2007.8.4	巨蟹座
2007.8.5-2007.8.19	獅子座	2007.8.20-2007.9.5	處女座
2007.9.6-2007.9.27	天秤座	2007.9.28-2007.10.24	天蠍座
2007.10.25-2007.11.11	天秤座	2007.11.12-2007.12.1	天蠍座
2007.12.2-2007.12.20	射手座	2007.12.21-2008.1.8	摩羯座
2008.19-2008.3.14	水瓶座	2008.3.15-2008.4.2	雙魚座
2008.4.3-2008.4.17	牡羊座	2008.4.18-2008.5.2	金牛座
2008.5.3-2008.7.10	雙子座	2008.7.11-2008.7.26	巨蟹座
2008.7.27-2008.8.10	獅子座	2008.8.11-2008.8.29	處女座
2008.8.30-2008.11.4	天秤座	2008.11.5-2008.11.23	天蠍座
2008.11.24-2008.12.12	射手座	2008.12.13-2009.1.1	摩羯座
2009.1.2-2009.1.21	水瓶座	2009.1.22-2009.2.14	摩羯座
2009.2.15-2009.3.8	水瓶座	2009.3.9-2009.3.25	雙魚座
2009.3.26-2009.4.9	牡羊座	2009.4.10-2009.4.30	金牛座
2009.5.1-2009.5.13	雙子座	2009.5.14-2009.6.14	金牛座
2009.6.15-2009.7.3	雙子座	2009.7.4-2009.7.17	巨蟹座
2009.7.18-2009.8.2	獅子座	2009.8.3-2009.8.25	處女座
2009.8.26-2009.9.18	天秤座	2009.9.19-2009.10.10	處女座
2009.10.11-2009.10.28	天秤座	2009.10.29-2009.11.16	天蠍座
2009.11.17-2009.12.5	射手座	2009.12.6-2010.2.10	摩羯座
2010.2.11-2010.3.1	水瓶座	2010.3.2-2010.3.17	雙魚座
2010.3.18-2010.4.2	牡羊座	2010.4.3-2010.6.10	金牛座
2010.6.11-2010.6.25	雙子座	2010.6.26-2010.7.9	巨蟹座
2010.7.10-2010.7.27	獅子座	2010.7.28-2010.10.3	處女座
2010.10.4-2010.10.20	天秤座	2010.10.21-2010.11.8	天蠍座

出生日	水星/星座	出生日	水星/星座
2010.11.9-2010.12.1	射手座	2010.12.2-2010.12.18	摩羯座
2010.12.19-2011.1.13	射手座		

出生日	金星/星座	出生日	金星/星座
1929.12.31-1930.1.23	摩羯座	1930.1.24-1930.2.16	水瓶座
1930.2.17-1930.3.12	雙魚座	1930.3.13-1930.4.5	牡羊座
1930.4.6-1930.4.30	金牛座	1930.5.1-1930.5.24	雙子座
1930.5.25-1930.6.18	巨蟹座	1930.6.19-1930.7.14	獅子座
1930.7.15-1930.8.9	處女座	1930.8.10-1930.9.6	天秤座
1930.9.7-1930.10.11	天蠍座	1930.10.12-1930.11.21	射手座
1930.11.22-1931.1.3	天蠍座	1931.1.4-1931.2.6	射手座
1931.2.7-1931.3.5	摩羯座	1931.3.6-1931.3.31	水瓶座
1931.4.1-1931.4.25	雙魚座	1931.4.26-1931.5.20	牡羊座
1931.5.21-1931.6.14	金牛座	1931.6.15-1931.7.9	雙子座
1931.7.10-1931.8.2	巨蟹座	1931.8.3-1931.8.26	獅子座
1931.8.27-1931.9.20	處女座	1931.9.21-1931.10.14	天秤座
1931.10.15-1931.11.7	天蠍座	1931.11.8-1931.12.1	射手座
1931.12.2-1931.12.25	摩羯座	1931.12.26-1932.1.18	水瓶座
1932.1.19-1932.2.12	雙魚座	1932.2.13-1932.3.8	牡羊座
1932.3.9-1932.4.4	金牛座	1932.4.5-1932.5.5	雙子座
1932.5.6-1932.7.12	巨蟹座	1932.7.13-1932.7.28	雙子座
1932.7.29-1932.9.8	巨蟹座	1932.9.9-1932.10.6	獅子座
1932.10.7-1932.11.1	處女座	1932.11.2-1932.11.26	天秤座
1932.11.27-1932.12.20	天蠍座	1932.12.21-1933.1.13	射手座
1933.1.14-1933.2.6	摩羯座	1933.2.7-1933.3.2	水瓶座
1933.3.3-1933.3.27	雙魚座	1933.3.28-1933.4.20	牡羊座
1933.4.21-1933.5.14	金牛座	1933.5.15-1933.6.8	雙子座
1933.6.9-1933.7.2	巨蟹座	1933.7.3-1933.7.27	獅子座
1933.7.28-1933.8.21	處女座	1933.8.22-1933.9.15	天秤座

出生日	金星/星座	出生日	金星/星座
1933.9.16-1933.10.10	天蠍座	1933.10.11-1933.11.6	射手座
1933.11.7-1933.12.5	摩羯座	1933.12.6-1934.4.5	水瓶座
1934.4.6-1934.5.5	雙魚座	1934.5.6-1934.6.1	牡羊座
1934.6.2-1934.6.27	金牛座	1934.6.28-1934.7.23	雙子座
1934.7.24-1934.8.17	巨蟹座	1934.8.18-1934.9.10	獅子座
1934.9.11-1934.10.4	處女座	1934.10.5-1934.10.28	天秤座
1934.10.29-1934.11.21	天蠍座	1934.11.22-1934.12.15	射手座
1934.12.16-1935.1.8	摩羯座	1935.1.9-1935.2.1	水瓶座
1935.2.2-1935.2.25	雙魚座	1935.2.26-1935.3.21	牡羊座
1935.3.22-1935.4.15	金牛座	1935.4.16-1935.5.11	雙子座
1935.5.12-1935.6.7	巨蟹座	1935.6.8-1935.7.7	獅子座
1935.7.8-1935.11.9	處女座	1935.11.10-1935.12.8	天秤座
1935.12.9-1936.1.3	天蠍座	1936.1.4-1936.1.28	射手座
1936.1.29-1936.2.21	摩羯座	1936.2.22-1936.3.17	水瓶座
1936.3.18-1936.4.10	雙魚座	1936.4.11-1936.5.4	牡羊座
1936.5.5-1936.5.29	金牛座	1936.5.30-1936.6.22	雙子座
1936.6.23-1936.7.17	巨蟹座	1936.7.18-1936.8.10	獅子座
1936.8.11-1936.9.3	處女座	1936.9.4-1936.9.28	天秤座
1936.9.29-1936.10.22	天蠍座	1936.10.23-1936.11.16	射手座
1936.11.17-1936.12.11	摩羯座	1936.12.12-1937.1.5	水瓶座
1937.1.6-1937.2.1	雙魚座	1937.2.2-1937.3.9	牡羊座
1937.3.10-1937.4.13	金牛座	1937.4.14-1937.6.3	牡羊座
1937.6.4-1937.7.7	金牛座	1937.7.8-1937.8.4	雙子座
1937.8.5-1937.8.30	巨蟹座	1937.8.31-1937.9.24	獅子座
1937.9.25-1937.10.19	處女座	1937.10.20-1937.11.12	天秤座

出生日	金星/星座	出生日	金星/星座
1937.11.13-1937.12.6	天蠍座	1937.12.7-1937.12.30	射手座
1937.12.31-1938.1.22	摩羯座	1938.1.23-1938.2.15	水瓶座
1938.2.16-1938.3.11	雙魚座	1938.3.12-1938.4.5	牡羊座
1938.4.6-1938.4.29	金牛座	1938.4.30-1938.5.24	雙子座
1938.5.25-1938.6.18	巨蟹座	1938.6.19-1938.7.13	獅子座
1938.7.14-1938.8.9	處女座	1938.8.10-1938.9.6	天秤座
1938.9.7-1938.10.13	天蠍座	1938.10.14-1938.11.15	射手座
1938.11.16-1939.1.4	天蠍座	1939.1.5-1939.2.5	射手座
1939.2.6-1939.3.5	摩羯座	1939.3.6-1939.3.30	水瓶座
1939.3.31-1939.4.25	雙魚座	1939.4.26-1939.5.20	牡羊座
1939.5.21-1939.6.13	金牛座	1939.6.14-1939.7.8	雙子座
1939.7.9-1939.8.2	巨蟹座	1939.8.3-1939.8.26	獅子座
1939.8.27-1939.9.19	處女座	1939.9.20-1939.10.13	天秤座
1939.10.14-1939.11.6	天蠍座	1939.11.7-1939.11.30	射手座
1939.12.1-1939.12.24	摩羯座	1939.12.25-1940.1.18	水瓶座
1940.1.19-1940.2.11	雙魚座	1940.2.12-1940.3.8	牡羊座
1940.3.9-1940.4.4	金牛座	1940.4.5-1940.5.6	雙子座
1940.5.7-1940.7.5	巨蟹座	1940.7.6-1940.7.31	雙子座
1940.8.1-1940.9.8	巨蟹座	1940.9.9-1940.10.6	獅子座
1940.10.7-1940.11.1	處女座	1940.11.2-1940.11.26	天秤座
1940.11.27-1940.12.20	天蠍座	1940.12.21-1941.1.13	射手座
1941.1.14-1941.2.6	摩羯座	1941.2.7-1941.3.2	水瓶座
1941.3.3-1941.3.26	雙魚座	1941.3.27-1941.4.19	牡羊座
1941.4.20-1941.5.14	金牛座	1941.5.15-1941.6.7	雙子座
1941.6.8-1941.7.2	巨蟹座	1941.7.3-1941.7.26	獅子座

出生日	金星/星座	出生日	金星/星座
1941.7.27-1941.8.20	處女座	1941.8.21-1941.9.14	天秤座
1941.9.15-1941.10.10	天蠍座	1941.10.11-1941.11.5	射手座
1941.11.6-1941.12.5	摩羯座	1941.12.6-1942.4.6	水瓶座
1942.4.7-1942.5.5	雙魚座	1942.5.6-1942.6.1	牡羊座
1942.6.2-1942.6.27	金牛座	1942.6.28-1942.7.22	雙子座
1942.7.23-1942.8.16	巨蟹座	1942.8.17-1942.9.10	獅子座
1942.9.11-1942.10.4	處女座	1942.10.5-1942.10.28	天秤座
1942.10.29-1942.11.21	天蠍座	1942.11.22-1942.12.15	射手座
1942.12.16-1943.1.7	摩羯座	1943.1.8-1943.1.31	水瓶座
1943.2.1-1943.2.25	雙魚座	1943.2.26-1943.3.21	牡羊座
1943.3.22-1943.4.15	金牛座	1943.4.16-1943.5.10	雙子座
1943.5.11-1943.6.7	巨蟹座	1943.6.8-1943.7.7	獅子座
1943.7.8-1943.11.9	處女座	1943.11.10-1943.12.7	天秤座
1943.12.8-1944.1.2	天蠍座	1944.1.3-1944.1.27	射手座
1944.1.28-1944.2.21	摩羯座	1944.2.22-1944.3.16	水瓶座
1944.3.17-1944.4.10	雙魚座	1944.4.11-1944.5.4	牡羊座
1944.5.5-1944.5.28	金牛座	1944.5.29-1944.6.22	雙子座
1944.6.23-1944.7.16	巨蟹座	1944.7.17-1944.8.10	獅子座
1944.8.11-1944.9.3	處女座	1944.9.4-1944.9.27	天秤座
1944.9.28-1944.10.22	天蠍座	1944.10.23-1944.11.15	射手座
1944.11.16-1944.12.10	摩羯座	1944.12.11-1945.1.5	水瓶座
1945.1.6-1945.2.1	雙魚座	1945.2.2-1945.3.10	牡羊座
1945.3.11-1945.4.7	金牛座	1945.4.8-1945.6.4	牡羊座
1945.6.5-1945.7.7	金牛座	1945.7.8-1945.8.3	雙子座
1945.8.4-1945.8.30	巨蟹座	1945.8.31-1945.9.24	獅子座

出生日	金星/星座	出生日	金星/星座
1945.9.25-1945.10.18	處女座	1945.10.19-1945.11.11	天秤座
1945.11.12-1945.12.5	天蠍座	1945.12.6-1945.12.29	射手座
1945.12.30-1946.1.22	摩羯座	1946.1.23-1946.2.15	水瓶座
1946.2.16-1946.3.11	雙魚座	1946.3.12-1946.4.4	牡羊座
1946.4.5-1946.4.28	金牛座	1946.4.29-1946.5.23	雙子座
1946.5.24-1946.6.17	巨蟹座	1946.6.18-1946.7.13	獅子座
1946.7.14-1946.8.8	處女座	1946.8.9-1946.9.6	天秤座
1946.9.7-1946.10.15	天蠍座	1946.10.16-1946.11.7	射手座
1946.11.8-1947.1.5	天蠍座	1947.1.6-1947.2.5	射手座
1947.2.6-1947.3.4	摩羯座	1947.3.5-1947.3.30	水瓶座
1947.3.31-1947.4.24	雙魚座	1947.4.25-1947.5.19	牡羊座
1947.5.20-1947.6.13	金牛座	1947.6.14-1947.7.8	雙子座
1947.7.9-1947.8.1	巨蟹座	1947.8.2-1947.8.25	獅子座
1947.8.26-1947.9.18	處女座	1947.9.19-1947.10.13	天秤座
1947.10.14-1947.11.6	天蠍座	1947.11.7-1947.11.30	射手座
1947.12.1-1947.12.24	摩羯座	1947.12.25-1948.1.17	水瓶座
1948.1.18-1948.2.11	雙魚座	1948.2.12-1948.3.7	牡羊座
1948.3.8-1948.4.4	金牛座	1948.4.5-1948.5.6	雙子座
1948.5.7-1948.6.28	巨蟹座	1948.6.29-1948.8.2	雙子座
1948.8.3-1948.9.8	巨蟹座	1948.9.9-1948.10.6	獅子座
1948.10.7-1948.10.31	處女座	1948.11.1-1948.11.25	天秤座
1948.11.26-1948.12.19	天蠍座	1948.12.20-1949.1.12	射手座
1949.1.13-1949.2.5	摩羯座	1949.2.6-1949.3.1	水瓶座
1949.3.2-1949.3.25	雙魚座	1949.3.26-1949.4.19	牡羊座
1949.4.20-1949.5.13	金牛座	1949.5.14-1949.6.6	雙子座

出生日	金星/星座	出生日	金星/星座
1949.6.7-1949.7.1	巨蟹座	1949.7.2-1949.7.26	獅子座
1949.7.27-1949.8.20	處女座	1949.8.21-1949.9.14	天秤座
1949.9.15-1949.10.9	天蠍座	1949.10.10-1949.11.5	射手座
1949.11.6-1949.12.5	摩羯座	1949.12.6-1950.4.6	水瓶座
1950.4.7-1950.5.5	雙魚座	1950.5.6-1950.6.1	牡羊座
1950.6.2-1950.6.26	金牛座	1950.6.27-1950.7.22	雙子座
1950.7.23-1950.8.16	巨蟹座	1950.8.17-1950.9.9	獅子座
1950.9.10-1950.10.3	處女座	1950.10.4-1950.10.27	天秤座
1950.10.28-1950.11.20	天蠍座	1950.11.21-1950.12.14	射手座
1950.12.15-1951.1.7	摩羯座	1951.1.8-1951.1.31	水瓶座
1951.2.1-1951.2.24	雙魚座	1951.2.25-1951.3.20	牡羊座
1951.3.21-1951.4.14	金牛座	1951.4.15-1951.5.10	雙子座
1951.5.11-1951.6.6	巨蟹座	1951.6.7-1951.7.7	獅子座
1951.7.8-1951.11.9	處女座	1951.11.10-1951.12.7	天秤座
1951.12.8-1952.1.2	天蠍座	1952.1.3-1952.1.27	射手座
1952.1.28-1952.2.20	摩羯座	1952.2.21-1952.3.16	水瓶座
1952.3.17-1952.4.9	雙魚座	1952.4.10-1952.5.3	牡羊座
1952.5.4-1952.5.28	金牛座	1952.5.29-1952.6.21	雙子座
1952.6.22-1952.7.16	巨蟹座	1952.7.17-1952.8.9	獅子座
1952.8.10-1952.9.2	處女座	1952.9.3-1952.9.27	天秤座
1952.9.28-1952.10.21	天蠍座	1952.10.22-1952.11.15	射手座
1952.11.16-1952.12.10	摩羯座	1952.12.11-1953.1.4	水瓶座
1953.1.5-1953.2.1	雙魚座	1953.2.2-1953.3.14	牡羊座
1953.3.15-1953.3.30	金牛座	1953.3.31-1953.6.4	牡羊座
1953.6.5-1953.7.6	金牛座	1953.7.7-1953.8.3	雙子座

出生日	金星/星座	出生日	金星/星座
1953.8.4-1953.8.29	巨蟹座	1953.8.30-1953.9.23	獅子座
1953.9.24-1953.10.18	處女座	1953.10.19-1953.11.11	天秤座
1953.11.12-1953.12.5	天蠍座	1953.12.6-1953.12.29	射手座
1953.12.30-1954.1.21	摩羯座	1954.1.22-1954.2.14	水瓶座
1954.2.15-1954.3.10	雙魚座	1954.3.11-1954.4.3	牡羊座
1954.4.4-1954.4.28	金牛座	1954.4.29-1954.5.23	雙子座
1954.5.24-1954.6.17	巨蟹座	1954.6.18-1954.7.12	獅子座
1954.7.13-1954.8.8	處女座	1954.8.9-1954.9.6	天秤座
1954.9.7-1954.10.23	天蠍座	1954.10.24-1954.10.26	射手座
1954.10.27-1955.1.5	天蠍座	1955.1.6-1955.2.5	射手座
1955.2.6-1955.3.4	摩羯座	1955.3.5-1955.3.29	水瓶座
1955.3.30-1955.4.24	雙魚座	1955.4.25-1955.5.19	牡羊座
1955.5.20-1955.6.12	金牛座	1955.6.13-1955.7.7	雙子座
1955.7.8-1955.7.31	巨蟹座	1955.8.1-1955.8.25	獅子座
1955.8.26-1955.9.18	處女座	1955.9.19-1955.10.12	天秤座
1955.10.13-1955.11.5	天蠍座	1955.11.6-1955.11.29	射手座
1955.11.30-1955.12.23	摩羯座	1955.12.24-1956.1.17	水瓶座
1956.1.18-1956.2.10	雙魚座	1956.2.11-1956.3.7	牡羊座
1956.3.8-1956.4.3	金牛座	1956.4.4-1956.5.7	雙子座
1956.5.8-1956.6.23	巨蟹座	1956.6.24-1956.8.3	雙子座
1956.8.4-1956.9.7	巨蟹座	1956.9.8-1956.10.5	獅子座
1956.10.6-1956.10.31	處女座	1956.11.1-1956.11.25	天秤座
1956.11.26-195612.19	天蠍座	1956.12.20-1957.1.12	射手座
1957.1.13-1957.2.5	摩羯座	1957.2.6-1957.3.1	水瓶座
1957.3.2-1957.3.25	雙魚座	1957.3.26-1957.4.18	牡羊座

出生日	金星/星座	出生日	金星/星座
1957.4.19-1957.5.12	金牛座	1957.5.13-1957.6.6	雙子座
1957.6.7-1957.6.30	巨蟹座	1957.7.1-1957.7.25	獅子座
1957.7.26-1957.8.19	處女座	1957.8.20-1957.9.13	天秤座
1957.9.14-1957.10.9	天蠍座	1957.10.10-1957.11.5	射手座
1957.11.6-1957.12.6	摩羯座	1957.12.7-1958.4.6	水瓶座
1958.4.7-1958.5.4	雙魚座	1958.5.5-1958.5.31	牡羊座
1958.6.1-1958.6.26	金牛座	1958.6.27-1958.7.21	雙子座
1958.7.22-1958.8.15	巨蟹座	1958.8.16-1958.9.9	獅子座
1958.9.10-1958.10.3	處女座	1958.10.4-1958.10.28	天秤座
1958.10.29-1958.11.20	天蠍座	1958.11.21-1958.12.13	射手座
1958.12.14-1959.1.6	摩羯座	1959.1.7-1959.1.30	水瓶座
1959.1.31-1959.2.23	雙魚座	1959.2.24-1959.3.20	牡羊座
1959.3.21-1959.4.14	金牛座	1959.4.15-1959.5.10	雙子座
1959.5.11-1959.6.6	巨蟹座	1959.6.7-1959.7.8	獅子座
1959.7.9-1959.9.19	處女座	1959.9.20-1959.9.24	獅子座
1959.9.25-1959.11.9	處女座	1959.11.10-1959.12.7	天秤座
1959.12.8-1960.1.1	天蠍座	1960.1.2-1960.1.26	射手座
1960.1.27-1960.2.20	摩羯座	1960.2.21-1960.3.15	水瓶座
1960.3.16-1960.4.8	雙魚座	1960.4.9-1960.5.3	牡羊座
1960.5.4-1960.5.27	金牛座	1960.5.28-1960.6.21	雙子座
1960.6.22-1960.7.15	巨蟹座	1960.7.16-1960.8.8	獅子座
1960.8.9-1960.9.2	處女座	1960.9.3-1960.9.26	秤座
1960.9.27-1960.10.21	天蠍座	1960.10.22-1960.11.14	射手座
1960.11.15-1960.12.9	摩羯座	1960.12.10-1961.1.4	水瓶座
1961.1.5-1961.2.1	雙魚座	1961.2.2-1961.6.5	牡羊座

出生日	金星/星座	出生日	金星/星座
1961.6.6-1961.7.6	金牛座	1961.7.7-1961.8.3	雙子座
1961.8.4-1961.8.29	巨蟹座	1961.8.30-1961.9.23	獅子座
1961.9.24-1961.10.17	處女座	1961.10.18-1961.11.10	天秤座
1961.11.11-1961.12.4	天蠍座	1961.12.5-1961.12.28	射手座
1961.12.29-1962.1.21	摩羯座	1962.1.22-1962.2.14	水瓶座
1962.2.15-1962.3.10	雙魚座	1962.3.11-1962.4.3	牡羊座
1962.4.4-1962.4.27	金牛座	1962.4.28-1962.5.22	雙子座
1962.5.23-1962.6.16	巨蟹座	1962.6.17-1962.7.12	獅子座
1962.7.13-1962.8.8	處女座	1962.8.9-1962.9.6	天秤座
1962.9.7-1963.1.6	天蠍座	1963.1.7-1963.2.5	射手座
1963.2.6-1963.3.3	摩羯座	1963.3.4-1963.3.29	水瓶座
1963.3.30-1963.4.23	雙魚座	1963.4.24-1963.5.18	牡羊座
1963.5.19-1963.6.12	金牛座	1963.6.13-1963.7.6	雙子座
1963.7.7-1963.7.31	巨蟹座	1963.8.1-1963.8.24	獅子座
1963.8.25-1963.9.17	處女座	1963.9.18-1963.10.11	天秤座
1963.10.12-1963.11.5	天蠍座	1963.11.6-1963.11.29	射手座
1963.11.30-1963.12.23	摩羯座	1963.12.24-1964.1.16	水瓶座
1964.1.17-1964.2.10	雙魚座	1964.2.11-1964.3.7	牡羊座
1964.3.8-1964.4.3	金牛座	1964.4.4-1964.5.8	雙子座
1964.5.9-1964.6.17	巨蟹座	1964.6.18-1964.8.4	雙子座
1964.8.5-1964.9.7	巨蟹座	1964.9.8-1964.10.5	獅子座
1964.10.6-1964.10.30	處女座	1964.10.31-1964.11.24	天秤座
1964.11.25-1964.12.18	天蠍座	1964.12.19-1965.1.11	射手座
1965.1.12-1965.2.4	摩羯座	1965.2.5-1965.2.28	水瓶座
1965.3.1-1965.3.24	雙魚座	1965.3.25-1965.4.18	牡羊座

出生日	金星/星座	出生日	金星/星座
1965.4.19-1965.5.12	金牛座	1965.5.13-1965.6.5	雙子座
1965.6.6-1965.6.30	巨蟹座	1965.7.1-1965.7.25	獅子座
1965.7.26-1965.8.19	處女座	1965.8.20-1965.9.13	天秤座
1965.9.14-1965.10.9	天蠍座	1965.10.10-1965.11.5	射手座
1965.11.6-1965.12.6	摩羯座	1965.12.7-1966.2.6	水瓶座
1966.2.7-1966.2.24	摩羯座	1966.2.25-1966.4.6	水瓶座
1966.4.7-1966.5.4	雙魚座	1966.5.5-1966.5.31	牡羊座
1966.6.1-1966.6.25	金牛座	1966.6.26-1966.7.21	雙子座
1966.7.22-1966.8.15	巨蟹座	1966.8.16-1966.9.8	獅子座
1966.9.9-1966.10.2	處女座	1966.10.3-1966.10.26	天秤座
1966.10.27-1966.11.19	天蠍座	1966.11.20-1966.12.13	射手座
1966.12.14-1967.1.6	摩羯座	1967.1.7-1967.1.30	水瓶座
1967.1.31-1967.2.23	雙魚座	1967.2.24-1967.3.19	牡羊座
1967.3.20-1967.4.13	金牛座	1967.4.14-1967.5.9	雙子座
1967.5.10-1967.6.6	巨蟹座	1967.6.7-1967.7.8	獅子座
1967.7.9-1967.9.9	處女座	1967.9.10-1967.10.1	獅子座
1967.10.2-1967.11.9	處女座	1967.11.10-1967.12.6	天秤座
1967.12.7-1968.1.1	天蠍座	1968.1.2-1968.1.26	射手座
1968.1.27-1968.2.19	摩羯座	1968.2.20-1968.3.15	水瓶座
1968.3.16-1968.4.8	雙魚座	1968.4.9-1968.5.2	牡羊座
1968.5.3-1968.5.27	金牛座	1968.5.28-1968.6.20	雙子座
1968.6.21-1968.7.15	巨蟹座	1968.7.16-1968.8.8	獅子座
1968.8.9-1968.9.1	處女座	1968.9.2-1968.9.26	天秤座
1968.9.27-1968.10.20	天蠍座	1968.10.21-1968.11.14	射手座
1968.11.15-1968.12.9	摩羯座	1968.12.10-1969.1.4	水瓶座

出生日	金星/星座	出生日	金星/星座
1969.1.5-1969.2.1	雙魚座	1969.2.2-1969.6.5	牡羊座
1969.6.6-1969.7.6	金牛座	1969.7.7-1969.8.2	雙子座
1969.8.3-1969.8.28	巨蟹座	1969.8.29-1969.9.22	獅子座
1969.9.23-1969.10.17	處女座	1969.10.18-1969.11.10	天秤座
1969.11.11-1969.12.4	天蠍座	1969.12.5-1969.12.27	射手座
1969.12.28-1970.1.20	摩羯座	1970.1.21-1970.2.13	水瓶座
1970.2.14-1970.3.9	雙魚座	1970.3.10-1970.4.2	牡羊座
1970.4.3-1970.4.27	金牛座	1970.4.28-1970.5.22	雙子座
1970.5.23-1970.6.16	巨蟹座	1970.6.17-1970.7.12	獅子座
1970.7.13-1970.8.7	處女座	1970.8.8-1970.9.6	天秤座
1970.9.7-1971.1.6	天蠍座	1971.1.7-1971.2.5	射手座
1971.2.6-1971.3.3	摩羯座	1971.3.4-1971.3.29	水瓶座
1971.3.30-1971.4.23	雙魚座	1971.4.24-1971.5.18	牡羊座
1971.5.19-1971.6.11	金牛座	1971.6.12-1971.7.6	雙子座
1971.7.7-1971.7.30	巨蟹座	1971.7.31-1971.8.24	獅子座
1971.8.25-1971.9.17	處女座	1971.9.18-1971.10.11	天秤座
1971.10.12-1971.11.4	天蠍座	1971.11.5-1971.11.28	射手座
1971.11.29-1971.12.22	摩羯座	1971.12.23-1972.1.16	水瓶座
1972.1.17-1972.2.9	雙魚座	1972.2.10-1972.3.6	牡羊座
1972.3.7-1972.4.3	金牛座	1972.4.4-1972.5.10	雙子座
1972.5.11-1972.6.11	巨蟹座	1972.6.12-1972.8.5	雙子座
1972.8.6-1972.9.7	巨蟹座	1972.9.8-1972.10.4	獅子座
1972.10.5-1972.10.30	處女座	1972.10.31-1972.11.24	天秤座
1972.11.25-1972.12.18	天蠍座	1972.12.19-1973.1.11	射手座
1973.1.12-1973.2.4	摩羯座	1973.2.5-1973.2.28	水瓶座

出生日	金星/星座	出生日	金星/星座
1973.3.1-1973.3.24	雙魚座	1973.3.25-1973.4.17	牡羊座
1973.4.18-1973.5.11	金牛座	1973.5.12-1973.6.5	雙子座
1973.6.6-1973.6.29	巨蟹座	1973.6.30-1973.7.24	獅子座
1973.7.25-1973.8.18	處女座	1973.8.19-1973.9.12	天秤座
1973.9.13-1973.10.8	天蠍座	1973.10.9-1973.11.5	射手座
1973.11.6-1973.12.7	摩羯座	1973.12.8-1974.1.29	水瓶座
1974.1.30-1974.2.28	摩羯座	1974.3.1-1974.4.6	水瓶座
1974.4.7-1974.5.4	雙魚座	1974.5.5-1974.5.30	牡羊座
1974.5.31-1974.6.25	金牛座	1974.6.26-1974.7.20	雙子座
1974.7.21-1974.8.14	巨蟹座	1974.8.15-1974.9.7	獅子座
1974.9.8-1974.10.2	處女座	1974.10.3-1974.10.26	天秤座
1974.10.27-1974.11.18	天蠍座	1974.11.19-1974.12.12	射手座
1974.12.13-1975.1.5	摩羯座	1975.1.6-1975.1.29	水瓶座
1975.1.30-1975.2.22	雙魚座	1975.2.23-1975.3.19	牡羊座
1975.3.20-1975.4.13	金牛座	1975.4.14-1975.5.9	雙子座
1975.5.10-1975.6.5	巨蟹座	1975.6.6-1975.7.8	獅子座
1975.7.9-1975.9.2	處女座	1975.9.3-1975.10.3	獅子座
1975.10.4-1975.11.9	處女座	1975.11.10-1975.12.6	天秤座
1975.12.7-1976.1.1	天蠍座	1976.1.2-1976.1.26	射手座
1976.1.27-1976.2.19	摩羯座	1976.2.20-1976.3.15	水瓶座
1976.3.16-1976.4.8	雙魚座	1976.4.9-1976.5.2	牡羊座
1976.5.3-1976.5.27	金牛座	1976.5.28-1976.6.20	雙子座
1976.6.21-1976.7.14	巨蟹座	1976.7.15-1976.8.8	獅子座
1976.8.9-1976.9.1	處女座	1976.9.2-1976.9.26	天秤座
1976.9.27-1976.10.20	天蠍座	1976.10.21-1976.11.14	射手座

出生日	金星/星座	出生日	金星/星座
1976.11.15-1976.12.9	摩羯座	1976.12.10-1977.1.4	水瓶座
1977.1.5-1977.2.2	雙魚座	1977.2.3-1977.6.6	牡羊座
1977.6.7-1977.7.6	金牛座	1977.7.7-1977.8.2	雙子座
1977.8.3-1977.8.28	巨蟹座	1977.8.29-1977.9.22	獅子座
1977.9.23-1977.10.17	處女座	1977.10.18-1977.11.10	天秤座
1977.11.11-1977.12.4	天蠍座	1977.12.5-1977.27	射手座
1977.12.28-1978.1.20	摩羯座	1978.1.21-1978.2.13	水瓶座
1978.2.14-1978.3.9	雙魚座	1978.3.10-1978.4.2	牡羊座
1978.4.3-1978.4.27	金牛座	1978.4.28-1978.5.22	雙子座
1978.5.23-1978.6.16	巨蟹座	1978.6.17-1978.7.12	獅子座
1978.7.13-1978.8.8	處女座	1978.8.9-1978.9.7	天秤座
1978.9.8-1979.1.7	天蠍座	1979.1.8-1979.2.5	射手座
1979.2.6-1979.3.3	摩羯座	1979.3.4-1979.3.29	水瓶座
1979.3.30-1979.4.23	雙魚座	1979.4.24-1979.5.18	牡羊座
1979.5.19-1979.6.11	金牛座	1979.6.12-1979.7.6	雙子座
1979.7.7-1979.7.30	巨蟹座	1979.7.31-1979.8.24	獅子座
1979.8.25-1979.9.17	處女座	1979.9.18-1979.10.11	天秤座
1979.10.12-1979.11.4	天蠍座	1979.11.5-1979.11.28	射手座
1979.11.29-1979.12.22	摩羯座	1979.12.23-1980.1.15	水瓶座
1980.1.16-1980.2.9	雙魚座	1980.2.10-1980.3.6	牡羊座
1980.3.7-1980.4.3	金牛座	1980.4.4-1980.5.12	雙子座
1980.5.13-1980.6.4	巨蟹座	1980.6.5-1980.8.6	雙子座
1980.8.7-1980.9.7	巨蟹座	1980.9.8-1980.10.4	獅子座
1980.10.5-1980.10.29	處女座	1980.10.30-11.23	天秤座
1980.11.24-1980.12.17	天蠍座	1980.12.18-1981.1.10	射手座

出生日	金星/星座	出生日	金星/星座
1981.1.11-1981.2.3	摩羯座	1981.2.4-1981.2.27	水瓶座
1981.2.28-1981.3.23	雙魚座	1981.3.24-1981.4.17	牡羊座
1981.4.18-1981.5.11	金牛座	1981.5.12-1981.6.4	雙子座
1981.6.5-1981.6.29	巨蟹座	1981.6.30-1981.7.24	獅子座
1981.7.25-1981.8.18	處女座	1981.8.19-1981.9.12	天秤座
1981.9.13-1981.10.8	天蠍座	1981.10.9-1981.11.5	射手座
1981.11.6-1981.12.8	摩羯座	1981.12.9-1982.1.22	水瓶座
1982.1.23-1982.3.1	摩羯座	1982.3.2-1982.4.6	水瓶座
1982.4.7-1982.5.4	雙魚座	1982.5.5-1982.5.30	牡羊座
1982.5.31-1982.6.25	金牛座	1982.6.26-1982.7.20	雙子座
1982.7.21-1982.8.13	巨蟹座	1982.8.14-1982.9.7	獅子座
1982.9.8-1982.10.1	處女座	1982.10.2-1982.10.25	天秤座
1982.10.26-1982.11.18	天蠍座	1982.11.19-1982.12.12	射手座
1982.12.13-1983.1.5	摩羯座	1983.1.6-1983.1.29	水瓶座
1983.1.30-1983.2.22	雙魚座	1983.2.23-1983.3.18	牡羊座
1983.3.19-1983.4.12	金牛座	1983.4.13-1983.5.8	雙子座
1983.5.9-1983.6.5	巨蟹座	1983.6.6-1983.7.9	獅子座
1983.7.10-1983.8.26	處女座	1983.8.27-1983.10.5	獅子座
1983.10.6-1983.11.8	處女座	1983.11.9-1983.12.6	天秤座
1983.12.7-1983.12.31	天蠍座	1984.1.1-1984.1.25	射手座
1984.1.26-1984.2.18	摩羯座	1984.2.19-1984.3.14	水瓶座
1984.3.15-1984.4.7	雙魚座	1984.4.8-1984.5.1	牡羊座
1984.5.2-1984.5.26	金牛座	1984.5.27-1984.6.19	雙子座
1984.6.20-1984.7.13	巨蟹座	1984.7.14-1984.8.7	獅子座
1984.8.8-1984.8.31	處女座	1984.9.1-1984.9.25	天秤座

出生日	金星/星座	出生日	金星/星座
1984.9.26-1984.10.19	天蠍座	1984.10.20-1984.11.13	射手座
1984.11.14-1984.12.8	摩羯座	1984.12.9-1985.1.3	水瓶座
1985.1.4-1985.2.1	雙魚座	1985.2.2-1985.6.5	牡羊座
1985.6.6-1985.7.5	金牛座	1985.7.6-1985.8.1	雙子座
1985.8.2-1985.8.27	巨蟹座	1985.8.28-19859.21	獅子座
1985.9.22-1985.10.16	處女座	1985.10.17-1985.11.9	天秤座
1985.11.10-1985.12.3	天蠍座	1985.12.4-1985.12.26	射手座
1985.12.27-1986.1.19	摩羯座	1986.1.20-1986.2.12	水瓶座
1986.2.13-1986.3.8	雙魚座	1986.3.9-1986.4.1	牡羊座
1986.4.2-1986.4.26	金牛座	1986.4.27-1986.5.21	雙子座
1986.5.22-1986.6.15	巨蟹座	1986.6.16-1986.7.11	獅子座
1986.7.12-1986.8.7	處女座	1986.8.8-1986.9.6	天秤座
1986.9.7-1987.1.6	天蠍座	1987.1.7-1987.2.4	射手座
1987.2.5-1987.3.2	摩羯座	1987.3.3-1987.3.28	水瓶座
1987.3.29-1987.4.22	雙魚座	1987.4.23-1987.5.16	牡羊座
1987.5.17-1987.6.10	金牛座	1987.6.11-1987.7.5	雙子座
1987.7.6-1987.7.29	巨蟹座	1987.7.30-1987.8.23	獅子座
1987.8.24-1987.9.16	處女座	1987.9.17-1987.10.10	天秤座
1987.10.11-1987.11.3	天蠍座	1987.11.4-1987.11.27	射手座
1987.11.28-1987.12.21	摩羯座	1987.12.22-1988.1.15	水瓶座
1988.1.16-1988.2.9	雙魚座	1988.2.10-1988.3.5	牡羊座
1988.3.6-1988.4.3	金牛座	1988.4.4-1988.5.17	雙子座
1988.5.18-1988.5.26	巨蟹座	1988.5.27-1988.8.6	雙子座
1988.8.7-1988.9.6	巨蟹座	1988.9.7-1988.10.4	獅子座
1988.10.5-1988.10.29	處女座	1988.10.30-1988.11.23	天秤座

出生日	金星/星座	出生日	金星/星座
1988.11.24-1988.12.17	天蠍座	1988.12.18-1989.1.10	射手座
1989.1.11-1989.2.3	摩羯座	1989.2.4-1989.2.27	水瓶座
1989.2.28-1989.3.23	雙魚座	1989.3.24-1989.4.16	牡羊座
1989.4.17-1989.5.10	金牛座	1989.5.11-1989.6.4	雙子座
1989.6.5-1989.6.28	巨蟹座	1989.6.29-1989.7.23	獅子座
1989.7.24-1989.8.17	處女座	1989.8.18-1989.9.12	天秤座
1989.9.13-1989.10.8	天蠍座	1989.10.9-1989.11.4	射手座
1989.11.5-1989.12.9	摩羯座	1989.12.10-1990.1.16	水瓶座
1990.1.17-1990.3.3	摩羯座	1990.3.4-1990.4.5	水瓶座
1990.4.6-1990.5.4	雙魚座	1990.5.5-1990.5.30	牡羊座
1990.5.31-1990.6.25	金牛座	1990.6.26-1990.7.20	雙子座
1990.7.21-1990.8.13	巨蟹座	1990.8.14-1990.9.7	獅子座
1990.9.8-1990.10.1	處女座	1990.10.2-1990.10.25	天秤座
1990.10.26-1990.11.18	天蠍座	1990.11.19-1990.12.12	射手座
1990.12.13-1991.1.4	摩羯座	1991.1.5-1991.1.28	水瓶座
1991.1.29-1991.2.21	雙魚座	1991.2.22-1991.3.18	牡羊座
1991.3.19-1991.4.12	金牛座	1991.4.13-1991.5.8	雙子座
1991.5.9-1991.6.5	巨蟹座	1991.6.6-1991.7.10	獅子座
1991.7.11-1991.8.21	處女座	1991.8.22-1991.10.6	獅子座
1991.10.7-1991.11.8	處女座	1991.11.9-1991.12.5	天秤座
1991.12.6-1991.12.31	天蠍座	1992.1.1-1992.1.24	射手座
1992.1.25-1992.2.18	摩羯座	1992.2.19-1992.3.13	水瓶座
1992.3.14-1992.4.6	雙魚座	1992.4.7-1992.5.1	牡羊座
1992.5.2-1992.5.25	金牛座	1992.5.26-1992.6.18	雙子座
1992.6.19-1992.7.13	巨蟹座	1992.7.14-1992.8.6	獅子座

出生日	金星/星座	出生日	金星/星座
1992.8.7-1992.8.31	處女座	1992.9.1-1992.9.24	天秤座
1992.9.25-1992.10.19	天蠍座	1992.10.20-1992.11.13	射手座
1992.11.14-1992.12.8	摩羯座	1992.12.9-1993.1.3	水瓶座
1993.1.4-1993.2.2	雙魚座	1993.2.3-1993.6.5	牡羊座
1993.6.6-1993.7.5	金牛座	1993.7.6-1993.8.1	雙子座
1993.8.2-1993.8.27	巨蟹座	1993.8.28-1993.9.21	獅子座
1993.9.22-1993.10.15	處女座	1993.10.16-1993.11.8	天秤座
1993.11.9-1993.12.2	天蠍座	1993.12.3-1993.12.26	射手座
1993.12.27-1994.1.19	摩羯座	1994.1.20-1994.2.12	水瓶座
1994.2.13-1994.3.8	雙魚座	1994.3.9-1994.4.1	牡羊座
1994.4.2-1994.4.25	金牛座	1994.4.26-1994.5.20	雙子座
1994.5.21-1994.6.14	巨蟹座	1994.6.15-1994.7.10	獅子座
1994.7.11-1994.8.7	處女座	1994.8.8-1994.9.7	天秤座
1994.9.8-1995.1.7	天蠍座	1995.1.8-1995.2.4	射手座
1995.2.5-1995.3.2	摩羯座	1995.3.3-1995.3.27	水瓶座
1995.3.28-1995.4.21	雙魚座	1995.4.22-1995.5.16	牡羊座
1995.5.17-1995.6.10	金牛座	1995.6.11-1995.7.4	雙子座
1995.7.5-1995.7.29	巨蟹座	1995.7.30-1995.8.22	獅子座
1995.8.23-1995.9.15	處女座	1995.9.16-1995.10.9	天秤座
1995.10.10-1995.11.2	天蠍座	1995.11.3-1995.11.27	射手座
1995.11.28-1995.12.21	摩羯座	1995.12.22-1996.1.14	水瓶座
1996.1.15-1996.2.8	雙魚座	1996.2.9-1996.3.5	牡羊座
1996.3.6-1996.4.3	金牛座	1996.4.4-1996.8.6	雙子座
1996.8.7-1996.9.6	巨蟹座	1996.9.7-1996.10.3	獅子座
1996.10.4-1996.10.29	處女座	1996.10.30-1996.11.22	天秤座

出生日	金星/星座	出生日	金星/星座
1996.11.23-1996.12.16	天蠍座	1996.12.17-1997.1.9	射手座
1997.1.10-1997.2.2	摩羯座	1997.2.3-1997.2.26	水瓶座
1997.2.27-1997.3.22	雙魚座	1997.3.23-1997.4.15	牡羊座
1997.4.16-1997.5.10	金牛座	1997.5.11-1997.6.3	雙子座
1997.6.4-1997.6.28	巨蟹座	1997.6.29-1997.7.23	獅子座
1997.7.24-1997.8.17	處女座	1997.8.18-1997.9.11	天秤座
1997.9.12-1997.10.7	天蠍座	1997.10.8-1997.11.4	射手座
1997.11.5-1997.12.11	摩羯座	1997.12.12-1998.1.9	水瓶座
1998.1.10-1998.3.4	摩羯座	1998.3.5-1998.4.5	水瓶座
1998.4.6-1998.5.3	雙魚座	1998.5.4-1998.5.29	牡羊座
1998.5.30-1998.6.24	金牛座	1998.6.25-1998.7.19	雙子座
1998.7.20-1998.8.12	巨蟹座	1998.8.13-1998.9.6	獅子座
1998.9.7-1998.9.30	處女座	1998.10.1-1998.10.24	天秤座
1998.10.25-1998.11.17	天蠍座	1998.11.18-1998.12.11	射手座
1998.12.12-1999.1.4	摩羯座	1999.1.5-1999.1.28	水瓶座
1999.1.29-1999.2.21	雙魚座	1999.2.22-1999.3.17	牡羊座
1999.3.18-1999.4.12	金牛座	1999.4.13-1999.5.8	雙子座
1999.5.9-1999.6.5	巨蟹座	1999.6.6-1999.7.12	獅子座
1999.7.13-1999.8.15	處女座	1999.8.16-1999.10.7	獅子座
1999.10.8-1999.11.8	處女座	1999.11.9-1999.12.5	天秤座
1999.12.6-1999.12.30	天蠍座	1999.12.31-2000.1.24	射手座
2000.1.25-2000.2.17	摩羯座	2000.2.18-2000.3.12	水瓶座
2000.3.13-2000.4.6	雙魚座	2000.4.7-2000.4.30	牡羊座
2000.5.1-2000.5.25	金牛座	2000.5.26-2000.6.18	雙子座
2000.6.19-2000.7.12	巨蟹座	2000.7.13-2000.8.6	獅子座

出生日	金星/星座	出生日	金星/星座
2000.8.7-2000.8.30	處女座	2000.8.31-2000.9.24	天秤座
2000.9.25-2000.10.18	天蠍座	2000.10.19-2000.11.12	射手座
2000.11.13-2000.12.7	摩羯座	2000.12.8-2001.1.3	水瓶座
2001.1.4-2001.2.2	雙魚座	2001.2.3-2001.6.6	牡羊座
2001.6.7-2001.7.5	金牛座	2001.7.6-2001.8.1	雙子座
2001.8.2-2001.8.27	巨蟹座	2001.8.28-2001.9.21	獅子座
2001.9.22-2001.10.15	處女座	2001.10.16-2001.11.8	天秤座
2001.11.9-2001.12.2	天蠍座	2001.12.3-2001.12.25	射手座
2001.12.26-2002.1.19	摩羯座	2002.1.20-2002.2.12	水瓶座
2002.2.13-2002.3.8	雙魚座	2002.3.9-2002.4.1	牡羊座
2002.4.2-2002.4.25	金牛座	2002.4.26-2002.5.20	雙子座
2002.5.21-2002.6.14	巨蟹座	2002.6.15-2002.7.10	獅子座
2002.7.11-2002.8.7	處女座	2002.8.8-2002.9.8	天秤座
2002.9.9-2003.1.7	天蠍座	2003.1.8-2003.2.4	射手座
2003.2.5-2003.3.2	摩羯座	2003.3.3-2003.3.27	水瓶座
2003.3.28-2003.4.21	雙魚座	2003.4.22-2003.5.16	牡羊座
2003.5.17-2003.6.10	金牛座	2003.6.11-2003.7.4	雙子座
2003.7.5-2003.7.29	巨蟹座	2003.7.30-2003.8.22	獅子座
2003.8.23-2003.9.15	處女座	2003.9.16-2003.10.9	天秤座
2003.10.10-2003.11.2	天蠍座	2003.11.3-2003.11.27	射手座
2003.11.28-2003.12.21	摩羯座	2003.12.22-2004.1.14	水瓶座
2004.1.15-2004.2.8	雙魚座	2004.2.9-2004.3.5	牡羊座
2004.3.6-2004.4.3	金牛座	2004.4.4-2004.8.7	雙子座
2004.8.8-2004.9.6	巨蟹座	2004.9.7-2004.10.3	獅子座
2004.10.4-2004.10.29	處女座	2004.1030.-2004.11.22	天秤座

出生日	金星/星座	出生日	金星/星座
2004.11.23-2004.12.16	天蠍座	2004.12.17-2005.1.9	射手座
2005.1.10-2005.2.2	摩羯座	2005.2.3-2005.2.26	水瓶座
2005.2.27-2005.3.22	雙魚座	2005.3.23-2005.4.15	牡羊座
2005.4.16-2005.5.10	金牛座	2005.5.11-2005.6.3	雙子座
2005.6.4-2005.6.28	巨蟹座	2005.6.29-2005.7.23	獅子座
2005.7.24-2005.8.17	處女座	2005.8.18-2005.9.11	天秤座
2005.9.12-2005.10.8	天蠍座	2005.10.9-2005.11.5	射手座
2005.11.6-2005.12.15	摩羯座	2005.12.16-2006.1.1	水瓶座
2006.1.2-2006.3.5	摩羯座	2006.3.6-2006.4.6	水瓶座
2006.4.7-2006.5.3	雙魚座	2006.5.4-2006.5.29	牡羊座
2006.5.30-2006.6.24	金牛座	2006.6.25-2006.7.19	雙子座
2006.7.20-2006.8.12	巨蟹座	2006.8.13-2006.9.6	獅子座
2006.9.7-2006.9.30	處女座	2006.10.1-2006.10.24	天秤座
2006.10.25-2006.11.17	天蠍座	2006.11.18-2006.12.11	射手座
2006.12.12-2007.1.4	摩羯座	2007.1.5-2007.1.28	水瓶座
2007.1.29-2007.2.21	雙魚座	2007.2.22-2007.3.17	牡羊座
2007.3.18-2007.4.12	金牛座	2007.4.13-2007.5.8	雙子座
2007.5.9-2007.6.5	巨蟹座	2007.6.6-2007.7.14	獅子座
2007.7.15-2007.8.9	處女座	2007.8.10-2007.10.8	獅子座
2007.10.9-2007.11.8	處女座	2007.11.9-2007.12.5	天秤座
2007.12.6-2007.12.30	天蠍座	2007.12.31-2008.1.24	射手座
2008.1.25-2008.2.17	摩羯座	2008.2.18-2008.3.12	水瓶座
2008.3.13-2008.4.6	雙魚座	2008.4.7-2008.4.30	牡羊座
2008.5.1-2008.5.24	金牛座	2008.5.25-2008.6.18	雙子座
2008.6.19-2008.7.12	巨蟹座	2008.7.13-2008.8.6	獅子座

出生日	金星/星座	出生日	金星/星座
2008.8.7-2008.8.30	處女座	2008.8.31-2008.9.24	天秤座
2008.9.25-2008.10.18	天蠍座	2008.10.19-2008.11.12	射手座
2008.11.13-2008.12.7	摩羯座	2008.12.8-2009.1.3	水瓶座
2009.1.4-2009.2.3	雙魚座	2009.2.4-2009.4.11	牡羊座
2009.4.12-2009.4.24	雙魚座	2009.4.25-2009.6.6	牡羊座
2009.6.7-2009.7.5	金牛座	2009.7.6-2009.8.1	雙子座
2009.8.2-2009.8.26	巨蟹座	2009.8.27-2009.9.20	獅子座
2009.9.21-2009.10.14	處女座	2009.10.15-2009.11.8	天秤座
2009.11.9-2009.12.1	天蠍座	2009.12.2-2009.12.25	射手座
2009.12.26-2010.1.18	摩羯座	2010.1.19-2010.2.11	水瓶座
2010.2.12-2010.2.28	雙魚座	2010.3.1-2010.3.7	水瓶座
2010.3.8-2010.3.31	牡羊座	2010.4.1-2010.4.25	金牛座
2010.4.26-2010.5.20	雙子座	2010.5.21-2010.6.14	巨蟹座
2010.6.15-2010.7.10	獅子座	2010.7.11-2010.8.7	處女座
2010.8.8-2010.9.8	天秤座	2010.9.9-2010.11.8	天蠍座
2010.11.9-2010.11.30	天秤座	2010.12.1-2011.1.7	天蠍座

出生日	火星/星座	出生日	火星/星座
1929.12.29-1930.2.6	摩羯座	1930.2.7-1930.2.16	水瓶座
1930.3.17-1930.4.24	雙魚座	1930.4.25-1930.6.2	牡羊座
1930.6.3-1930.7.14	金牛座	1930.7.15-1930.8.27	雙子座
1930.8.28-1930.10.20	巨蟹座	1930.10.21-1931.2.16	獅子座
1931.2.17-1931.3.29	巨蟹座	1931.3.30-1931.6.10	獅子座
1931.6.11-1931.8.31	處女座	1931.9.1-1931.9.16	天秤座
1931.9.17-1931.10.30	天蠍座	1931.10.31-1931.12.9	射手座
1931.12.10-1932.1.17	摩羯座	1932.1.18-1932.2.24	水瓶座
1932.2.25-1932.4.2	雙魚座	1932.4.3-1932.5.11	牡羊座
1932.5.12-1932.6.21	金牛座	1932.6.22-1932.8.4	雙子座
1932.8.5-1932.9.20	巨蟹座	1932.9.21-11932.1.13	獅子座
1932.11.14-1933.7.6	處女座	1933.7.7-1933.8.25	天秤座
1933.8.26-1933.10.8	天蠍座	1933.10.9-1933.11.18	射手座
1933.11.19-1933.12.27	摩羯座	1933.12.28-1934.2.3	水瓶座
1934.2.4-1934.3.13	雙魚座	1934.3.14-1934.4.22	牡羊座
1934.4.23-1934.6.2	金牛座	1934.6.3-1934.7.15	雙子座
1934.7.16-1934.8.30	巨蟹座	1934.8.31-1934.10.17	獅子座
1934.10.18-1934.12.10	處女座	1934.12.11-1935.7.29	天秤座
1935.7.30-1935.9.16	天蠍座	1935.9.17-1935.10.28	射手座
1935.10.29-1935.12.6	摩羯座	1935.12.7-1936.1.14	水瓶座
1936.1.15-1936.2.21	雙魚座	1936.2.22-1936.4.1	牡羊座
1936.4.2-1936.5.12	金牛座	1936.5.13-1936.6.25	雙子座
1936.6.26-1936.8.9	巨蟹座	1936.8.10-1936.9.26	獅子座
1936.9.27-1936.11.14	處女座	1936.11.15-1937.1.5	天秤座
1937.1.6-1937.3.12	天蠍座	1937.3.13-1937.5.14	射手座

出生日	火星/星座	出生日	火星/星座
1937.5.15-1937.8.8	天蠍座	1937.8.9-1937.9.29	射手座
1937.9.30-1937.11.11	摩羯座	1937.11.12-1937.12.21	水瓶座
1937.12.22-1938.1.30	雙魚座	1938.1.31-1938.3.11	牡羊座
1938.3.12-1938.4.23	金牛座	1938.4.24-1938.6.6	雙子座
1938.6.7-1938.7.22	巨蟹座	1938.7.23-1938.9.7	獅子座
1938.9.8-1938.10.24	處女座	1938.10.25-1938.12.11	天秤座
1938.12.12-1939.1.28	天蠍座	1939.1.29-1939.3.20	射手座
1939.3.21-1939.5.24	摩羯座	1939.5.25-1939.7.21	水瓶座
1939.7.22-1939.9.23	摩羯座	1939.9.24-1939.11.19	水瓶座
1939.11.20-1940.1.3	雙魚座	1940.1.4-1940.2.16	牡羊座
1940.2.17-1940.4.1	金牛座	1940.4.2-1940.5.17	雙子座
1940.5.18-1940.7.2	巨蟹座	1940.7.3-1940.8.19	獅子座
1940.8.20-1940.10.5	處女座	1940.10.6-1940.11.20	天秤座
1940.11.21-1941.1.4	天蠍座	1941.1.5-1941.2.17	射手座
1941.2.18-1941.4.1	摩羯座	1941.4.2-1941.5.15	水瓶座
1941.5.16-1941.7.1	雙魚座	1941.7.2-1942.1.11	牡羊座
1942.1.12-1942.3.6	金牛座	1942.3.7-1942.4.25	雙子座
1942.4.26-1942.6.13	巨蟹座	1942.6.14-1942.7.31	獅子座
1942.8.1-1942.9.16	處女座	1942.9.17-1942.11.1	天秤座
1942.11.2-1942.12.15	天蠍座	1942.12.16-1943.1.26	射手座
1943.1.27-1943.3.8	摩羯座	1943.3.9-1943.4.16	水瓶座
1943.4.17-1943.5.26	雙魚座	1943.5.27-1943.7.7	牡羊座
1943.7.8-1943.8.23	金牛座	1943.8.24-1944.3.27	雙子座
1944.3.28-1944.5.22	巨蟹座	1944.5.23-1944.7.11	獅子座
1944.7.12-1944.8.28	處女座	1944.8.29-1944.10.13	天秤座

出生日	火星/星座	出生日	火星/星座
1944.10.14-1944.11.25	天蠍座	1944.11.26-1945.1.5	射手座
1945.1.6-1945.2.13	摩羯座	1945.2.14-1945.3.24	水瓶座
1945.3.25-1945.5.2	雙魚座	1945.5.3-1945.6.10	牡羊座
1945.6.11-1945.7.22	金牛座	1945.7.23-1945.9.7	雙子座
1945.9.8-1945.11.11	巨蟹座	1945.11.12-1945.12.26	獅子座
1945.12.27-1946.4.22	巨蟹座	1946.4.23-1946.6.19	獅子座
1946.6.20-1946.8.9	處女座	1946.8.10-1946.9.24	天秤座
1946.9.25-1946.11.6	天蠍座	1946.11.7-1946.12.16	射手座
1946.12.17-1947.1.24	摩羯座	1947.1.25-1947.3.4	水瓶座
1947.3.5-1947.4.11	雙魚座	1947.4.12-1947.5.20	牡羊座
1947.5.21-1947.6.30	金牛座	1947.7.1-1947.8.13	雙子座
1947.8.14-1947.9.30	巨蟹座	1947.10.1-1947.11.30	獅子座
1947.12.1-1948.2.11	處女座	1948.2.12-1948.5.18	獅子座
1948.5.19-1948.7.16	處女座	1948.7.17-1948.9.3	天秤座
1948.9.4-1948.10.16	天蠍座	1948.10.17-1948.11.26	射手座
1948.11.27-1949.1.4	摩羯座	1949.1.5-1949.2.11	水瓶座
1949.2.12-1949.3.21	雙魚座	1949.3.22-1949.4.29	牡羊座
1949.4.30-1949.6.9	金牛座	1949.6.10-1949.7.22	雙子座
1949.7.23-1949.9.6	巨蟹座	1949.9.7-1949.10.26	獅子座
1949.10.27-1949.12.25	處女座	1949.12.26-1950.3.27	天秤座
1950.3.28-1950.6.11	處女座	1950.6.12-1950.8.10	天秤座
1950.8.11-1950.9.25	天蠍座	1950.9.26-1950.11.5	射手座
1950.11.6-1950.12.14	摩羯座	1950.12.15-1951.1.22	水瓶座
1951.1.23-1951.3.1	雙魚座	1951.3.2-1951.4.9	牡羊座
1951.4.10-1951.5.21	金牛座	1951.5.22-1951.7.3	雙子座

出生日	火星/星座	出生日	火星/星座
1951.7.4-1951.8.17	巨蟹座	1951.8.18-1951.10.4	獅子座
1951.10.5-1951.11.23	處女座	1951.11.24-1952.1.19	天秤座
1952.1.20-1952.8.27	天蠍座	1952.8.28-1952.10.11	射手座
1952.10.12-1952.11.21	摩羯座	1952.11.22-1952.12.30	水瓶座
1952.12.31-1953.2.7	雙魚座	1953.2.8-1953.3.19	牡羊座
1953.3.20-1953.4.30	金牛座	1953.5.1-1953.6.13	雙子座
1953.6.14-1953.7.29	巨蟹座	1953.7.30-1953.9.14	獅子座
1953.9.15-1953.11.1	處女座	1953.11.2-1953.12.19	天秤座
1953.12.20-1954.2.9	天蠍座	1954.2.10-1954.4.12	射手座
1954.4.13-1954.7.2	摩羯座	1954.7.3-1954.8.24	射手座
1954.8.25-1954.10.21	摩羯座	1954.10.22-1954.12.3	水瓶座
1954.12.4-1955.1.14	雙魚座	1955.1.15-1955.2.26	牡羊座
1955.2.27-1955.4.10	金牛座	1955.4.11-1955.5.25	雙子座
1955.5.26-1955.7.10	巨蟹座	1955.7.11-1955.8.26	獅子座
1955.8.27-1955.10.12	處女座	1955.10.13-1955.11.28	天秤座
1955.11.29-1956.1.13	天蠍座	1956.1.14-1956.2.28	射手座
1956.2.29-1956.4.14	摩羯座	1956.4.15-1956.6.2	水瓶座
1956.6.3-1956.12.5	雙魚座	1956.12.6-1957.1.28	牡羊座
1957.1.29-1957.3.17	金牛座	1957.3.18-1957.5.4	雙子座
1957.5.5-1957.6.21	巨蟹座	1957.6.22-1957.8.7	獅子座
1957.8.8-1957.9.23	處女座	1957.9.24-1957.11.8	天秤座
1957.11.9-1957.12.22	天蠍座	1957.12.23-1958.2.3	射手座
1958.2.4-1958.3.16	摩羯座	1958.3.17-1958.4.26	水瓶座
1958.4.27-1958.6.6	雙魚座	1958.6.7-1958.7.20	牡羊座
1958.7.21-1958.9.20	金牛座	1958.9.21-1958.10.28	雙子座

出生日	火星/星座	出生日	火星/星座
1958.10.29-1959.2.10	金牛座	1959.2.11-1959.4.9	雙子座
1959.4.10-1959.5.31	巨蟹座	1959.6.1-1959.7.19	獅子座
1959.7.20-1959.9.5	處女座	1959.9.6-1959.10.20	天秤座
1959.10.21-1959.12.3	天蠍座	1959.12.4-1960.1.13	射手座
1960.1.14-1960.2.22	摩羯座	1960.2.23-1960.4.1	水瓶座
1960.4.2-1960.5.10	雙魚座	1960.5.11-1960.6.19	牡羊座
1960.6.20-1960.8.1	金牛座	1960.8.2-1960.9.20	雙子座
1960.9.21-1961.2.4	巨蟹座	1961.2.5-1961.2.6	雙子座
1961.2.7-1961.5.5	巨蟹座	1961.5.6-1961.6.28	獅子座
1961.6.29-1961.8.16	處女座	1961.8.17-1961.10.1	天秤座
1961.10.2-1961.11.13	天蠍座	1961.11.14-1961.12.24	射手座
1961.12.25-1962.2.1	摩羯座	1962.2.2-1962.3.11	水瓶座
1962.3.12-1962.4.19	雙魚座	1962.4.20-1962.5.28	牡羊座
1962.5.29-1962.7.8	金牛座	1962.7.9-1962.8.21	雙子座
1962.8.22-1962.10.11	巨蟹座	1962.10.12-1963.6.2	獅子座
1963.6.3-1963.7.26	處女座	1963.7.27-1963.9.11	天秤座
1963.9.12-1963.10.25	天蠍座	1963.10.26-1963.12.4	射手座
1963.12.5-1964.1.12	摩羯座	1964.1.13-1964.2.19	水瓶座
1964.2.20-1964.3.28	雙魚座	1964.3.29-1964.5.7	牡羊座
1964.5.8-1964.6.16	金牛座	1964.6.17-1964.7.30	雙子座
1964.7.31-1964.9.14	巨蟹座	1964.9.15-1964.11.5	獅子座
1964.11.6-1965.6.28	處女座	1965.6.29-1965.8.20	天秤座
1965.8.21-1965.10.3	天蠍座	1965.10.4-1965.11.13	射手座
1965.11.14-1965.12.22	摩羯座	1965.12.23-1966.1.29	水瓶座
1966.1.30-1966.3.9	雙魚座	1966.3.10-1966.4.17	牡羊座

出生日	火星/星座	出生日	火星/星座
1966.4.18-1966.5.28	金牛座	1966.5.29-1966.7.10	雙子座
1966.7.11-19668.25	巨蟹座	1966.8.26-1966.10.12	獅子座
1966.10.13-1966.12.3	處女座	1966.12.4-1967.2.12	天秤座
1967.2.13-1967.3.30	天蠍座	1967.3.31-1997.7.19	天秤座
1967.7.20-1967.9.9	天蠍座	1967.9.10-1967.10.22	射手座
1967.10.23-1967.12.1	摩羯座	1967.12.2-1968.1.8	水瓶座
1968.1.9-1968.2.16	雙魚座	1968.2.17-1968.3.27	牡羊座
1968.3.28-1968.5.8	金牛座	1968.5.9-1968.6.20	雙子座
1968.6.21-1968.8.5	巨蟹座	1968.8.6-1968.9.21	獅子座
1968.9.22-1968.11.8	處女座	1968.11.9-1968.12.29	天秤座
1968.12.30-1969.2.24	天蠍座	1969.2.25-1969.9.20	射手座
1969.9.21-1969.11.4	摩羯座	1969.11.5-1969.12.15	水瓶座
1969.12.16-1970.1.24	雙魚座	1970.1.25-1970.3.6	牡羊座
1970.3.7-1960.4.18	金牛座	1970.4.19-1970.6.1	雙子座
1970.6.2-1970.7.17	巨蟹座	1970.7.18-1970.9.2	獅子座
1970.9.3-1970.10.19	處女座	1970.10.20-1970.12.6	天秤座
1970.12.7-1971.1.22	天蠍座	1971.1.23-1971.3.11	射手座
1971.3.12-1971.5.3	摩羯座	1971.5.4-1971.11.6	水瓶座
1971.11.7-1971.12.26	雙魚座	1971.12.27-1972.2.10	牡羊座
1972.2.11-1972.3.26	金牛座	1972.3.27-1972.5.12	雙子座
1972.5.13-1972.6.28	巨蟹座	1972.6.29-1972.8.14	獅子座
1972.8.15-1972.9.30	處女座	1972.10.1-1972.11.15	天秤座
1972.11.16-1972.12.30	天蠍座	1972.12.31-1973.2.11	射手座
1973.2.12-1973.3.26	摩羯座	1973.3.27-1973.5.7	水瓶座
1973.5.8-1973.6.20	雙魚座	1973.6.21-1973.8.12	牡羊座

出生日	火星/星座	出生日	火星/星座
1973.8.13-1973.10.29	金牛座	1973.10.30-1973.12.23	牡羊座
1973.12.24-1974.2.26	金牛座	1974.2.27-1974.4.19	雙子座
1974.4.20-1974.6.8	巨蟹座	1974.6.9-1974.7.27	獅子座
1974.7.28-1974.9.12	處女座	1974.9.13-1974.10.27	天秤座
1974.10.28-1974.12.10	天蠍座	1974.12.11-1975.1.21	射手座
1975.1.22-1975.3.2	摩羯座	1975.3.3-1975.4.11	水瓶座
1975.4.12-1975.5.20	雙魚座	1975.5.21-1975.6.30	牡羊座
1975.7.1-1975.8.14	金牛座	1975.8.15-1975.10.16	雙子座
1975.10.17-1975.11.25	巨蟹座	1975.11.26-1976.3.18	雙子座
1976.3.19-1976.5.16	巨蟹座	1976.5.17-1976.7.6	獅子座
1976.7.7-1976.8.24	處女座	1976.8.25-1976.10.8	天秤座
1976.10.9-1976.11.20	天蠍座	1976.11.21-1977.1.1	射手座
1977.1.2-1977.2.9	摩羯座	1977.2.10-1977.3.20	水瓶座
1977.3.21-1977.4.27	雙魚座	1977.4.28-1977.6.6	牡羊座
1977.6.7-1977.7.17	金牛座	1977.7.18-1977.9.1	雙子座
1977.9.2-1977.10.26	巨蟹座	1977.10.27-1978.1.26	獅子座
1978.1.27-1978.4.10	巨蟹座	1978.4.11-1978.6.14	獅子座
1978.6.15-1978.8.4	處女座	1978.8.5-1978.9.19	天秤座
1978.9.20-1978.11.2	天蠍座	1978.11.3-1978.12.12	射手座
1978.12.13-1979.1.20	摩羯座	1979.1.21-1979.2.27	水瓶座
1979.2.28-1979.4.7	雙魚座	1979.4.8-1979.5.16	牡羊座
1979.5.17-1979.6.26	金牛座	1979.6.27-1979.8.8	雙子座
1979.8.9-1979.9.24	巨蟹座	1979.9.25-1979.11.19	獅子座
1979.11.20-1980.3.11	處女座	1980.3.12-1980.5.3	獅子座
1980.5.4-1980.7.10	處女座	1980.7.11-1980.8.28	天秤座

出生日	火星/星座	出生日	火星/星座
1980.8.29-1980.10.11	天蠍座	1980.10.12-1980.11.21	射手座
1980.11.22-1980.12.30	摩羯座	1980.12.31-1981.2.6	水瓶座
1981.2.7-1981.3.16	雙魚座	1981.3.17-1981.4.24	牡羊座
1981.4.25-1981.6.4	金牛座	1981.6.5-1981.7.17	雙子座
1981.7.18-1981.9.1	巨蟹座	1981.9.2-1981.10.20	獅子座
1981.10.21-1981.12.15	處女座	1981.12.16-1982.8.2	天秤座
1982.8.3-1982.9.19	天蠍座	1982.9.20-1982.10.31	射手座
1982.11.1-1982.12.9	摩羯座	1982.12.10-1983.1.17	水瓶座
1983.1.18-1983.2.24	雙魚座	1983.2.25-1983.4.5	牡羊座
1983.4.6-1983.5.16	金牛座	1983.5.17-1983.6.28	雙子座
1983.6.29-1983.8.13	巨蟹座	1983.8.14-1983.9.29	獅子座
1983.9.30-1983.11.17	處女座	1983.11.18-1984.1.10	天秤座
1984.1.11-1984.8.17	天蠍座	1984.8.18-1984.10.4	射手座
1984.10.5-1984.11.15	摩羯座	1984.11.16-1984.12.24	水瓶座
1984.12.25-1985.2.2	雙魚座	1985.2.3-1985.3.14	牡羊座
1985.3.15-1985.4.25	金牛座	1985.4.26-1985.6.8	雙子座
1985.6.9-1985.7.24	巨蟹座	1985.7.25-1985.9.9	獅子座
1985.9.10-1985.10.27	處女座	1985.10.28-1985.12.14	天秤座
1985.12.15-1986.2.1	天蠍座	1986.2.2-1986.3.27	射手座
1986.3.28-1986.10.8	摩羯座	1986.10.9-1986.11.25	水瓶座
1986.11.26-1987.1.8	雙魚座	1987.1.9-1987.2.20	牡羊座
1987.2.21-1987.4.5	金牛座	1987.4.6-1987.5.20	雙子座
1987.5.21-1987.7.6	巨蟹座	1987.7.7-1987.8.22	獅子座
1987.8.23-1987.10.8	處女座	1987.10.9-1987.11.23	天秤座
1987.11.24-1988.1.8	天蠍座	1988.1.9-1988.2.21	射手座

出生日	火星/星座	出生日	火星/星座
1988.2.22-1988.4.6	摩羯座	1988.4.7-1988.5.21	水瓶座
1988.5.22-1988.7.13	雙魚座	1988.7.14-1988.10.23	牡羊座
1988.10.24-1988.11.1	雙魚座	1988.11.2-1989.1.18	牡羊座
1989.1.19-1989.3.10	金牛座	1989.3.11-1989.4.28	雙子座
1989.4.29-1989.6.16	巨蟹座	1989.6.17-1989.8.3	獅子座
1989.8.4-1989.9.19	處女座	1989.9.20-1989.11.3	天秤座
1989.11.4-1989.12.17	天蠍座	1989.12.18-1990.1.29	射手座
1990.1.30-1990.3.11	摩羯座	1990.3.12-1990.4.20	水瓶座
1990.4.21-1990.5.31	雙魚座	1990.6.1-1990.7.12	牡羊座
1990.7.13-1990.8.31	金牛座	1990.9.1-1990.12.14	雙子座
1990.12.15-1991.1.20	金牛座	1991.1.21-1991.4.2	雙子座
1991.4.3-1991.5.26	巨蟹座	1991.5.27-1991.7.15	獅子座
1991.7.16-1991.8.31	處女座	1991.9.1-1991.10.16	天秤座
1991.10.17-1991.11.28	天蠍座	1991.11.29-1992.1.8	射手座
1992.1.9-1992.2.17	摩羯座	1992.2.18-1992.3.27	水瓶座
1992.3.28-1992.5.5	雙魚座	1992.5.6-1992.6.14	牡羊座
1992.6.15-1992.7.26	金牛座	1992.7.27-1992.9.11	雙子座
1992.9.12-1993.4.27	巨蟹座	1993.4.28-1993.6.22	獅子座
1993.6.23-1993.8.11	處女座	1993.8.12-1993.9.26	天秤座
1993.9.27-1993.11.8	天蠍座	1993.11.9-1993.12.19	射手座
1993.12.20-1994.1.27	摩羯座	1994.1.28-1994.3.6	水瓶座
1994.3.7-1994.4.14	雙魚座	1994.4.15-1994.5.23	牡羊座
1994.5.24-1994.7.3	金牛座	1994.7.4-1994.8.16	雙子座
1994.8.17-1994.10.4	巨蟹座	1994.10.5-1994.12.11	獅子座
1994.12.12-1995.1.22	處女座	1995.1.23-1995.5.25	獅子座

出生日	火星/星座	出生日	火星/星座
1995.5.26-1995.7.20	處女座	1995.7.21-1995.9.6	天秤座
1995.9.7-1995.10.20	天蠍座	1995.10.21-1995.11.30	射手座
1995.12.1-1996.1.7	摩羯座	1996.1.8-1996.2.14	水瓶座
1996.2.15-1996.3.24	雙魚座	1996.3.25-1996.5.2	牡羊座
1996.5.3-1996.6.12	金牛座	1996.6.13-1996.7.25	雙子座
1996.7.26-1996.9.9	巨蟹座	1996.9.10-1996.10.29	獅子座
1996.10.30-1997.1.2	處女座	1997.1.3-1997.3.8	天秤座
1997.3.9-1997.6.18	處女座	1997.6.19-1997.8.13	天秤座
1997.8.14-1997.9.28	天蠍座	1997.9.29-1997.11.8	射手座
1997.11.9-1997.12.17	摩羯座	1997.12.18-1998.1.24	水瓶座
1998.1.25-1998.3.4	雙魚座	1998.3.5-1998.4.12	牡羊座
1998.4.13-1998.5.23	金牛座	1998.5.24-1998.7.5	雙子座
1998.7.6-1998.8.20	巨蟹座	1998.8.21-1998.10.7	獅子座
1998.10.8-1998.11.26	處女座	1998.11.27-1999.1.25	天秤座
1999.1.26-1999.5.5	天蠍座	1999.5.6-1999.7.4	天秤座
1999.7.5-1999.9.2	天蠍座	1999.9.3-1999.10.16	射手座
1999.10.17-11.25	摩羯座	1999.11.26-2000.1.3	水瓶座
2000.1.4-2000.2.11	雙魚座	2000.2.12-2000.3.22	牡羊座
2000.3.23-2000.5.3	金牛座	2000.5.4-2000.6.16	雙子座
2000.6.17-2000.7.31	巨蟹座	2000.8.1-2000.9.16	獅子座
2000.9.17-2000.11.3	處女座	2000.11.4-2000.12.23	天秤座
2000.12.24-2001.2.14	天蠍座	2001.2.15-2001.9.8	射手座
2001.9.9-2001.10.27	摩羯座	2001.10.28-2001.12.8	水瓶座
2001.12.9-2002.1.18	雙魚座	2002.1.19-2002.3.1	牡羊座
2002.3.2-2002.4.13	金牛座	2002.4.14-2002.5.28	雙子座

出生日	火星/星座	出生日	火星/星座
2002.5.29-2002.7.13	巨蟹座	2002.7.14-2002.8.29	獅子座
2002.8.30-2002.10.15	處女座	2002.10.16-2002.12.1	天秤座
2002.12.2-2003.1.17	天蠍座	2003.1.18-2003.3.4	射手座
2003.3.5-2003.4.21	摩羯座	2003.4.22-2003.6.17	水瓶座
2003.6.18-2003.12.16	雙魚座	2003.12.17-2004.2.3	牡羊座
2004.2.4-2004.3.21	金牛座	2004.3.22-2004.5.7	雙子座
2004.5.8-2004.6.23	巨蟹座	2004.6.24-2004.8.10	獅子座
2004.8.11-2004.9.26	處女座	2004.9.27-2004.11.11	天秤座
2004.11.12-2004.12.25	天蠍座	2004.12.26-2005.2.6	射手座
2005.2.7-2005.3.20	摩羯座	2005.3.21-2005.5.1	水瓶座
2005.5.2-2005.6.12	雙魚座	2005.6.13-2005.7.28	牡羊座
2005.7.29-2006.2.17	金牛座	2006.2.18-2006.4.14	雙子座
2006.4.15-2006.6.3	巨蟹座	2006.6.4-2006.7.22	獅子座
2006.7.23-2006.9.8	處女座	2006.9.9-2006.10.23	天秤座
2006.10.24-2006.12.6	天蠍座	2006.12.7-2007.1.16	射手座
2007.1.17-2007.2.26	摩羯座	2007.2.27-2007.4.6	水瓶座
2007.4.7-2007.5.15	雙魚座	2007.5.16-2007.6.24	牡羊座
2007.6.25-2007.8.7	金牛座	2007.8.8-2007.9.28	雙子座
2007.9.29-2008.12.31	巨蟹座	2008.1.1-2008.3.4	雙子座
2008.3.5-2008.5.9	巨蟹座	2008.5.10-2008.7.1	獅子座
2008.7.2-2008.8.19	處女座	2008.8.20-2008.10.4	天秤座
2008.10.5-2008.11.16	天蠍座	2008.11.17-2008.12.27	射手座
2008.12.28-2009.2.4	摩羯座	2009.2.5-2009.3.15	水瓶座
2009.3.16-2009.4.22	雙魚座	2009.4.23-2009.5.31	牡羊座
2009.6.1-2009.7.12	金牛座	2009.7.13-2009.8.25	雙子座

出生日	火星/星座	出生日	火星/星座
2009.8.26-2009.10.16	巨蟹座	2009.10.17-2010.6.7	獅子座
2010.6.8-2010.7.29	處女座	2010.7.30-2010.9.14	天秤座
2010.9.15-2010.10.28	天蠍座	2010.10.29-2010.12.7	射手座
2010.12.8-2011.1.15	摩羯座		

國家圖書館出版品預行編目資料

星座相對論：和我最速配 / 溫世義著；蔡志
忠繪.— ─初版.— 臺北市：大塊文化，
2002 [民 91]
面：　公分.—— (smile ：48)

ISBN　986-7975-30-8(平裝)
1.占星術

292.22　　　　　　　　91008421

LOCUS

LOCUS